Wolfgang Bosbach
Ralf Schuler
Totalausfall

www.fontis-verlag.com

Für meine Enkel Camer Can jun. und Loran.
Euch gehört die Zukunft.
Wolfgang Bosbach

Wolfgang Bosbach
Ralf Schuler

Totalausfall

Was sich in Deutschland ändern muss, damit es wieder aufwärtsgeht

fontis

MIX
Papier | Fördert gute Waldnutzung
FSC® C014138

Bibliografische Information der Deutschen Nationalbibliothek
Die Deutsche Nationalbibliothek verzeichnet diese Publikation in der Deutschen Nationalbibliografie; detaillierte bibliografische Daten sind im Internet über www.dnb.de abrufbar.

Der Fontis-Verlag wird von 2021 bis 2024
vom Schweizer Bundesamt für Kultur unterstützt.

Umschlag: René Graf, Fontis Verlag
Umschlagfoto: © M. Hangen für NIUS/Schuler! Fragen, was ist
Satz: InnoSET AG, Justin Messmer, Basel
Druck: Finidr
Gedruckt in der Tschechischen Republik

ISBN 978-3-03848-277-2

Inhalt

«Mein Land wird mir langsam fremd»

Unbegrenzte Migration und ihre Folgen

Ralf Schuler: Herr Bosbach, ganz persönliche Frage: Machen Sie sich eigentlich Sorgen, wie sich das Deutschland entwickelt, in dem Ihre Kinder und Enkelkinder aufwachsen?

Wolfgang Bosbach: Wenn wir so weitermachen wie in den letzten Jahren, dann mache ich mir Sorgen. Und zwar nicht grundlos. Unter anderem, weil ich das Gefühl habe, dass wir den Zusammenhang zwischen der wirtschaftlichen und der sozialen Leistungsfähigkeit unseres Landes verlieren. Wenn wir glauben, bei nachlassender Wirtschaftskraft und Wettbewerbsfähigkeit den Sozialstaat immer weiter ausbauen zu können – Gesundheit, Pflege, Rente –, ist das ein gravierender Irrtum – es sei denn, wir gehen den Weg der Verschuldung mit astronomischen Zahlen immer weiter. Dazu kommen noch Migration und Integration und einige weitere Themen, die deutlich machen: Wir gehen einen ganz, ganz schweren Weg.

Altbundespräsident Gauck hat die Verunsicherung vieler Menschen durch Zuwanderung so beschrieben: «Ich bin nicht mehr dort zu Hause, wo ich wohne.» Fühlen Sie sich in Deutschland noch zu Hause?

Nicht jeden Tag, nicht an jedem Ort. Deutschland war immer mein Land, hier lebe ich sehr gerne und das wird auch immer so bleiben. Aber mittlerweile gibt es Entwicklungen, die mich fremdeln lassen.

Nur ein kleines Beispiel: Wenn von «sozialer Gerechtigkeit» gesprochen wird, geht es immer um die Bezieher von staatlichen Transferleistungen. Soziale Gerechtigkeit schulden wir aber auch denjenigen, die von morgens bis abends dafür arbeiten, dass diese Leistungen überhaupt bezahlt werden können.

Und immer mehr fragen sich: «Womit beschäftigen die sich eigentlich in Berlin? Was haben die Debatten mit meinem Leben, meinem Alltag zu tun?» Okay, zukünftig soll man einmal im Jahr sein Geschlecht offiziell wechseln können und zukünftig darf auch straffrei gekifft werden, aber deshalb den Titel «Fortschrittskoalition» wählen? Sind das wirklich Fortschritte im Sinne von positiver Zukunftsentwicklung?

Ich treffe immer mehr Menschen, die mit dem Gedanken spielen, das Land zu verlassen, und hoffe gleichzeitig darauf, dass sie es *nicht* tun werden. Obwohl ich verstehen kann, dass viele sagen: «Mein Land wird mir langsam fremd!»

Hängt das damit zusammen, dass die Veränderungen zu schnell gehen? Dass zum Beispiel innerhalb einer Lebensspanne nicht nur Technologien sich wandeln, sondern eben auch Stadtbild und gesellschaftliche Mechanismen sich ändern? Oder ist tatsächlich irgendetwas ins Rutschen geraten, wie mir ein Politiker unlängst sagte?

Aktuell kommen viele Faktoren zusammen und die Probleme addieren sich. Wir leben in einer Zeit multipler außenpolitischer Krisen mit unmittelbaren Auswirkungen auch auf uns. Das gilt sowohl für den Krieg Putins gegen die Ukraine als auch für den Kampf von Hamas, Hisbollah und Co. mit dem Ziel, Israel zu vernichten.

> Wir leben in einer Zeit multipler außenpolitischer Krisen mit unmittelbaren Auswirkungen auch auf uns.

Wir müssen die Ukraine nicht nur politisch und finanziell unterstützen, auch militärisch. Sie darf diesen Krieg nicht verlieren, denn wenn Putin sein militärisches Ziel erreicht, wird das nicht der letzte Krieg in Europa gewesen sein. Allerdings hatten die wirtschaftlichen Sanktionen der EU gegen Russland bislang nicht den erhofften Erfolg. Aber die Gegenreaktionen machen uns ökonomisch spürbar zu schaffen.

Gegenüber Israel haben wir aus historischen Gründen die ganz besonders hohe Verantwortung, für das Existenzrecht dieses Landes einzustehen und jüdisches Leben auch in Deutschland unter allen Umständen zu schützen.

> Aus historischen Gründen haben wir die ganz besonders hohe Verantwortung, für das Existenzrecht Israels einzustehen.

Israel ist der einzige sichere Hafen für alle Juden – weltweit. Aber wenn wir das Abstimmungsverhalten der UN sehen, dann ist es dort – zurückhaltend ausgedrückt – keineswegs selbstverständlich, dass sich Israel gegen einen militärischen Angriff auch militärisch zur Wehr setzen darf. Und dass sich ausgerechnet Deutschland bei der Abstimmung in der UN-Vollversammlung zur sogenannten Gaza-Resolution Ende Oktober 2023 enthalten hat, war mehr als peinlich. «Staatsräson» sollte nicht nur in feierlichen Sonntagsreden ein wichtiges Prinzip sein, sondern auch im politischen Alltag.

Hinzu kommt eine Fülle von gesellschaftlichen Veränderungen. Die negative demografische Entwicklung wird fast ausschließlich mit dem Thema Migration verbunden. Genauer gesagt mit der Zuwanderung von Menschen aus asiatischen und afrikanischen Ländern. Damit sollen all unsere Probleme gelöst werden: der Fachkräftemangel auf dem Arbeitsmarkt ebenso wie die überlasteten Sozialsysteme, die besonders unter der immer älter werdenden Bevölkerung leiden. Das wird aber nicht funktionieren.

Katrin Göring-Eckardt hat im November 2015 eine Rede gehalten, die inzwischen fast schon ein Klassiker ist. Damals sagte sie: «Wir reden darüber, wie unser Land in zwanzig, in dreißig Jahren aussieht. Es wird jünger werden. Ja, wie großartig ist das denn! Wie lange haben wir über die Demografie gesprochen! Es wird bunter werden! Ja, wie wunderbar ist das! Das haben wir uns immer gewünscht! Wahrscheinlich wird es auch religiöser werden, na klar. Und ja, unser Land wird sich ändern, und zwar drastisch. Und ich sage euch eins: Ich freue mich darauf.»

Deutschland wird bunter werden. Sie freut sich darauf. Freuen Sie sich auch darauf?

(lacht) Ich fürchte, Katrin Göring-Eckardt unterliegt einer Täuschung. Wer diese Passage aus ihrer Rede hört, der muss den Eindruck gewinnen, sie glaube, alles sei ein riesiges ganzjähriges Tag und Nacht stattfindendes Straßenfest, bei dem sich die Aufnahmegesellschaft und die Migranten in den Armen liegen, Volkstänze veranstalten und die regionalen Spezialitäten ihrer Heimat auf den Tisch bringen. Alle sind glücklich und zufrieden.

Deswegen gibt es in der Vorstellungswelt von Katrin Göring-Eckardt auch nur bestens gelungene Integration, keine Segregation – also keine Trennung von Wohngebieten nach sozialer und ethnischer Herkunft, insbesondere in Großstädten –, keine arabischen Großfamilien, die uns Kummer machen – Stichwort Clankriminalität –, es gibt keine Zuwanderer, die sich nicht integrieren lassen wollen. Das alles gibt es in ihrer Vorstellungswelt nicht – und ihre Vorstellungswelt ist die von vielen Grünen.

Zugegeben: In allerhand Fällen war und ist es tatsächlich so, dass Migranten unser Land bereichern, es vielfältiger, lebendiger machen. Aber eben bei Weitem nicht alle! Doch weil nicht sein kann, was nicht sein darf, suchen die Grünen die Gründe für fatale Fehlentwicklungen, für Desintegration wie ganz selbstverständlich bei uns, bei der Aufnahmegesellschaft – nach dem Motto: «Wir haben sie halt nicht gut integriert!»

Das ist doch total schräg. Wenn ich in ein anderes Land gehe, aus welchen Gründen auch immer, um dort ein besseres Leben zu führen, muss ich mich in die gesellschaftlichen Verhältnisse des Landes integrieren, muss die Rechts- und Werteordnung akzeptieren. Das ist *meine* Aufgabe, *meine* Verpflichtung. Das Aufnahmeland kann und soll dabei helfen; aber wenn es an Integrationswillen fehlt, dann werden alle Integrationsanstrengungen des Staates nicht viel nützen.

> Wenn ich in ein anderes Land gehe, um dort ein besseres Leben zu führen, muss ich mich in die gesellschaftlichen Verhältnisse des Landes integrieren.

Als der Vater meines Schwiegersohns vor vielen Jahrzehnten aus der Türkei eingewandert ist, gab es keine Sprach- oder Integrationskurse. Da geschah Integration durch Arbeit: auf der Baustelle mit der Schaufel in der Hand. Auf diese Weise haben die Kumpels für Integration gesorgt.

Heute haben wir ein unglaubliches Angebot an staatlichen Integrationshilfen, was ich ausdrücklich begrüße; doch wir tabuisieren, dass es bei einigen an der Integrationsfähigkeit fehlt, auch am Integrationswillen.

Rein demografisch betrachtet hat Katrin Göring-Eckardt übrigens recht: Wir werden jünger, denn es kommen ja nicht große Familien zu uns, sondern weit überwiegend junge Männer aus Osteuropa, dem arabischen Raum und aus Afrika. Das Problem ist nur, dass unsere demografische Krise nicht nur das Alter betrifft. Im Kern geht es um das Fehlen junger, sozialversicherungspflichtig Beschäftigter. Insofern klingt es schön, wenn der Altersdurchschnitt sinkt. Für die Sozialsysteme hilft es allerdings wenig, wenn sie noch mehr Kunden bekommen.

Sie sehen ja, wie die politischen Debatten laufen. Bei den

Migranten, die 2015/2016 gekommen sind und dem Arbeitsmarkt zur Verfügung stehen könnten, haben wir eine Erwerbsquote von etwa 50 % – also zugleich eine Arbeitslosenquote von 50 %. Die einen würden sagen: «Nur jeder Zweite arbeitet?» Die anderen meinen: «Immerhin! Jeder Zweite arbeitet!»

Fakt ist, dass die Arbeitslosenquote und auch der Sozialhilfebezug unter diesen Einwanderern wesentlich – um ein Mehrfaches! – höher sind als ihr Anteil an der Bevölkerung. Das zeigt, dass sich die Erwartungen nicht erfüllt haben. Es handelt sich auch nicht vorwiegend um die lang ersehnten Fachkräfte. 2015/2016 wurde uns vermittelt, es kämen vor allem Ärzte und Ingenieure. Ja, die waren *auch* dabei! Aber so zu tun, als könnten wir den Fachkräftemangel durch diese Form der Migration lösen – das ist eine Selbsttäuschung.

Im Übrigen: Wenn wir einen Fachkräftemangel haben, dann in der Bundesregierung! Natürlich gibt es ihn auch in der Wirtschaft. Aber die Fachkräfte, die wir dringend benötigen – und das in mehreren Branchen –, die kommen doch nicht in Booten per Schlepper übers Mittelmeer!

Der investigative Journalist Jan Karon hat eine bemerkenswerte Dokumentation mit dem Titel «Lampedusa. Ansturm auf Europa» gedreht.[1] *Darin bestätigt er, dass 95 % dieser Migranten junge Männer sind. In der Tagesschau heißt es*

[1] Zu finden unter: https://www.nius.de/NIUS %20Originals/migranten-auf-lampedusa-erzaehlen-mein-lieblingsland-ist-deutschland/081b2de8-fe58-4db6-967b-b5fa549dae3f, zuletzt aufgerufen am 10.11.2023.

aber, es seien Männer, Frauen und Kinder. Man hat den Eindruck, dass ein paar Journalisten auch aus Furcht vor den Abstoßungsreaktionen mit der hiesigen Bevölkerung eine Wunschwelt zeichnen.

Vollkommen richtig. Ich habe im Herbst 2015 die Bundespolizeiinspektion auf dem Hauptbahnhof in München besucht und mit den Beamtinnen und Beamten gesprochen. Als unser Gespräch zu Ende war, sagte ein Beamter: «Herr Bosbach, bleiben Sie noch für eine halbe Stunde. Gleich kommt ein ICE.» München hat einen Kopfbahnhof. Am Kopfende warteten Fotojournalisten, vielleicht zwanzig, fünfundzwanzig. Der Zug kam. Knapp 1000 Menschen stiegen aus, davon schätzungsweise 80 bis 85 % junge Männer, dazu ein paar Frauen und ein paar Kinder.

Und was geschah? Ausnahmslos alle Fotografen stürzten sich auf die Kinder und Frauen und machten von ihnen Bilder, die man am nächsten Tag in den Medien sehen konnte. Auf diese Weise wurde der Eindruck erweckt, es kämen überwiegend hilfsbedürftige Familien und Kinder zu uns. Wer verschließt denn vor der Not der Kinder seine Augen?

Nirgendwo habe ich gelesen, dass es in Wahrheit etwa 70 bis 80 % junge Männer aus Schwarzafrika waren. Nirgendwo. Bei solchen Bildern handelt es sich nicht um falsche Berichterstattung im eigentlichen Sinne, aber um eine zweckdienliche Täuschung, die den wahren Sachverhalt verschleiert – vermutlich sogar aus edlen Motiven: nämlich um die Akzeptanz für die Aufnahme der Menschen in Deutschland zu erhöhen.

Bei manchen Leuten, die sich heute erschüttert über Folgen ungesteuerter Migration äußern, hat man den Eindruck, dass es so eine Art nachholender Ehrenrettung sein soll, weil man damals fröhlich auf der politischen Wunschwelle surfte und diesen Opportunismus nun durch besonders radikale Analyse zu kompensieren versucht.

«Wir haben versagt», erklärte zum Beispiel der damalige SPD-Chef und Vizekanzler Sigmar Gabriel, der im Migrationsherbst 2015 mit einem «Refugees welcome»-Anstecker auf der Regierungsbank saß, obwohl jeder denkende Mensch absehen konnte, dass ungesteuerte Masseneinwanderung zu Verwerfungen führen würde.

Heute will man dann nachträglich durch die härteste Analyse und Selbstgeißelung Punkte machen. Sie haben damals schon in der Fraktionssitzung der Kanzlerin widersprochen, als man gesagt hat, die Grenzen ließen sich nicht schließen. Also, was ist das? Was sagt das über das Land und die politische Debatte aus, wenn jemand in der jeweiligen Situation möglichst intensiv mitschwimmen möchte und dann hinterher möglichst intensiv beim Aufräumen der selbst hinterlassenen Trümmer helfen will?

Dieses Phänomen ist in der Politik gar nicht so selten. Olaf Scholz hat eine Impfpflicht ursprünglich strikt abgelehnt. Dann gab es immer mehr Befürworter, woraufhin auch er dafür war, natürlich weil er das «immer schon gesagt» hatte. Heute ist er sicherlich froh, dass sich seine ursprüngliche Meinung durchgesetzt hat, weil es keine parlamentarische Mehrheit pro Impfpflicht gab. Gut so.

Schon im September 2015 war es mir und einigen wenigen – *zu* wenigen – Kolleginnen und Kollegen klar, dass offene Grenzen auf Dauer für jedermann zu erheblichen Problemen führen würden. Die Aufnahme jener Flüchtlinge, die damals in Zügen auf einem Bahnhof in Budapest festsaßen, habe ich selbst für richtig gehalten. Ungarn wollte sie nicht aufnehmen, Österreich auch nicht, nächste Station: Deutschland. Man konnte diese Menschen ja nicht für längere Zeit zwischen Baum und Borke festhalten.

Aber dann sollten die Grenzen plötzlich ganz generell offen bleiben. Zukünftig galt – und gilt im Grundsatz immer noch: Wer an der Grenze ein Asylbegehren vorträgt, darf einreisen. Auch wenn er schon über diverse sichere, verfolgungsfreie Demokratien gereist ist, auch wenn er ohne gesicherte Identität und Nationalität kommt oder komplett ohne Papiere.

Mir war sofort klar, was das bedeuten würde. Kritische Einwände waren aber nicht erwünscht. Mir wurde regierungsamtlich mitgeteilt: «Du musst dir das wie eine Pipeline vorstellen. Im Moment kommen viele, dann immer weniger und dann nur noch vereinzelt.» Also, alles null Problem. – Ich dachte, ich höre nicht richtig. Darauf habe ich sinngemäß geantwortet, dass man eine Tür zwar schnell aufmachen kann, aber kaum wieder schließen, wenn unablässig Menschen hineinwollen.

Deutschland wollte der Welt Ende September 2015 demonstrieren, dass man auf der richtigen Seite der Geschichte stehe, eine schrankenlose Aufnahmekapazität meistern könne und eine grenzenlose Integrationskraft habe. O-Ton der damaligen Kanzlerin Angela Merkel: «Ich muss ganz ehrlich sagen: Wenn wir jetzt anfangen, uns noch dafür entschuldigen zu müssen, dass wir in Notsituationen ein freundliches Gesicht zeigen, dann ist das nicht mein Land.»

Heute gehen viele durch Problemviertel einiger Großstädte und denken sich: «Das *ist* nicht mehr mein Land.»

Fakt ist: Kein Land der Welt hat eine völlig grenzenlose Aufnahme- und Integrationskraft. Und die Grenzen dieser Integrationskraft dürfen wir nicht überdehnen, sonst kippt die gesellschaftliche Aufnahmeakzeptanz und wir haben mehr Segregation als Integration.

> Kein Land der Welt hat eine völlig grenzenlose Aufnahme- und Integrationskraft.

Begleitet wird diese Debatte nach wie vor von hehren Absichten.

Nr. 1: «Wir müssen die Fluchtursachen bekämpfen!» Wie machen wir das denn ganz konkret, wenn die Menschen vor Kriegen oder Bürgerkriegen fliehen, vor Diktatoren und Terrorregimen wie dem der Taliban?

Nr. 2: «Wir müssen das Schlepper- und Schleuserwesen bekämpfen.» Nur zu! Und dennoch werden nach wie vor unablässig Schleuserdienste angeboten.

Nr. 3: «Wir müssen die Flüchtlinge in der EU gerecht verteilen.» Abgesehen davon, dass das nicht klappen wird, bleibt die konsequent unbeantwortete Frage: Wer entscheidet nach welchen Kriterien darüber, wer nach Bulgarien, wer nach Deutschland, wer nach Dänemark und wer nach

Lettland kommt? Und ist die Zuweisung eines nicht gewollten Staates ein rechtsmittelfähiger Verwaltungsakt mit Klagemöglichkeit?

Wir müssen der Wirklichkeit ins Auge sehen: Das Wohlstandsgefälle zwischen Europa und den meisten Hauptherkunftsländern der Flüchtlinge ist derart groß, dass auch ohne Kriege und Bürgerkriege der Migrationsdruck bleiben wird.

Wenn man die Bundesregierung in diesen Tagen hört, hat man den Eindruck, man könne eigentlich überhaupt nichts gegen diesen Zustrom machen. Ist das so?

Doch, wir können etwas machen. Und wir tun es auch: seit geraumer Zeit mit der bayerischen Grenzpolizei im Grenzgebiet Bayern-Österreich. Leider behauptet die Gewerkschaft der Polizei – anders als die Deutsche Polizeigewerkschaft –, das bringe alles nichts, dabei gab es an dieser Grenze schon mehrere Tausend Zurückweisungen.

Zunächst hatte sich Bundesinnenministerin Nancy Faeser monatelang geweigert, die schon an diesen Grenzabschnitten praktizierten und bewährten Kontrollen auch nur bei der EU anzumelden und sie dann auf die Grenzen zur Schweiz, zu Polen und zu Tschechien auszudehnen.

Erst als der Druck – vor allem aus den völlig überforderten Kommunen und auch aus der Union – immer größer wurde, hat sie im Herbst 2023 für Kontrollen grünes Licht geben. Und das war auch gut so. Schon nach wenigen Wochen hatte sich allein an der Grenze Brandenburgs zu Polen die Zahl der illegalen Einreisen fast halbiert – was Kritiker natürlich nicht davon abhält, weiterhin zu behaupten, stationäre Kontrollen hätten keine Wirkung. Die Kritiker verraten allerdings nicht, welche Maßnahmen denn bessere Wirkungen hätten.

Haben Sie das Gefühl, dass der Grenzschutz bei Nancy Faeser in guten Händen ist?

Nein, ich fürchte, Nancy Faeser ist fachlich überfordert. Und ich bin mir sehr sicher, dass sie nicht die Mitarbeiterinnen und Mitarbeiter im Ministerium hat, die man in einer solchen Situation braucht. Das sind bestimmt stramme Parteisoldaten, daran habe ich keine Zweifel; aber jetzt wären im Innenministerium Führungspersönlichkeiten vonnöten, die der Innenministerin sagen: «Frau Faeser, so geht es nicht mehr weiter.»

Ich glaube, auch Olaf Scholz wird sehen, dass es mit ihr so nicht weitergeht. Und was für ein Gamechanger eine einzige richtige Personalentscheidung sein kann, das hat man im Verteidigungsministerium gesehen. Mit Boris Pistorius sieht die Welt in diesem Ressort schon ganz anders aus. Das könnte im Innenministerium auch passieren. Möglicherweise hält Olaf Scholz an Nancy Faeser fest, weil sie eine Frau ist oder weil sie aus Hessen kommt.

Fachliche Defizite, schlechte Umfragewerte – das bringt mich zur Frage, ob Nancy Faeser als Innenministerin noch tragbar ist.

Ich fürchte nein – zumal die Affäre Schönbohm gezeigt hat, dass es da auch ein paar charakterliche Defizite gibt. Wir wissen ja immer noch nicht, wer die Wahrheit sagt: Frau Faeser oder ihr Abteilungsleiter Martin von Simson. Er ist auch ihr Vermieter – vielleicht will sie sich mit ihm nicht anlegen, weil er sonst Eigenbedarf geltend macht. Ich weiß es nicht.

Aber es bleiben immer noch viele Fragen offen. Wer hat eigentlich Nancy Faeser daran gehindert zu sagen: «Ich bin auf den Clown Jan Böhmermann reingefallen. Das war ein Fehler. Ich habe mich geirrt, ich habe eine Personalentscheidung getroffen, die ich im Nachhinein bereue. Es tut mir auch für Herrn Schönbohm leid.» Ich wette, nach zwei Tagen wäre das Thema durch gewesen und viele hätten gesagt: «Die gibt wenigstens mal einen Fehler zu.»

Zurück zum Thema Migration. In einem Interview im Deutschlandfunk wurde unsere Außenministerin Annalena Baerbock gefragt: «Alt-Bundespräsident Joachim Gauck spricht angesichts der Stimmung im Land, der Besorgnis in vielen Kommunen, Städten und Gemeinden von einem Kontrollverlust bei der Migration. Sehen auch Sie diesen Kontrollverlust?»

Daraufhin antwortete Annalena Baerbock: «Nein, es ist eine absolut angespannte Situation in den Kommunen. Das weiß ich ganz genau, dass etliche Kommunen an der Belastungsgrenze sind. Das heißt, dass unklar ist, wie man überhaupt noch Kita- und Schulplätze bereitstellen soll für geflüchtete Kinder. Auch bei der Unterbringung gibt es wahnsinnigen Druck, das ist uns allen in der Bundesregierung sehr klar. Aber deswegen handeln wir auch, deswegen unterstützen wir die Kommunen bei der Unterbringung und deswegen arbeiten die Innenministerinnen und ich als Außenministerin so hart, dass wir in Europa endlich zu gemeinsamen Regelungen in der Asyl- und Flüchtlingspolitik kommen.»

Also kein Kontrollverlust? Was genau kontrollieren wir denn?

Wenn ich an der Grenze niemanden kontrollieren möchte, dann kann ich auch nichts verlieren. Insofern hat sie recht. Und wir müssen fair bleiben: Wir haben eben schon seit September 2015 darauf verzichtet, die regulären Einreisevoraussetzungen zu kontrollieren, wenn ein Asylantrag gestellt wird. Also gucken wir jetzt nach Menschen, die eine Wiedereinreisesperre haben, die also schon mal hier waren, aber nicht noch einmal einreisen dürfen. Die können wir an der Wiedereinreise hindern. Das kontrollieren wir also tatsächlich.

Und: Wir weisen diejenigen zurück, die die Pass- und Visumpflicht nicht erfüllen und keinen Asylantrag stellen. Wer zum Beispiel ehrlich sagt, er möchte nach Deutschland, um hier zu arbeiten, oder er will in die skandinavischen Länder durchreisen, wird zurückgewiesen. Wenn diese Menschen allerdings wiederkommen und sagen, sie möchten in Deutschland einen Asylantrag stellen, dann dürfen sie einreisen.

Jens Spahn hat gesagt, wir seien kein Einwanderungsland, sondern ein Einreiseland.

Das eine schließt das andere nicht aus, denn jedes Land der Welt kennt Migration – vielleicht abgesehen von Nordkorea und anderen Exoten. Es ist eine reine Frage der Definition. Wenn man sagt, ein Einwanderungsland ist ein Land, in das Menschen einwandern, dann sind das 198 von 200 Ländern

> Zur Bekämpfung des Fachkräftemangels bemühen wir uns um Einwanderung – das darf man allerdings nicht mit der Migration aus humanitären Gründen verwechseln.

dieser Welt. Wenn man jedoch sagt, ein Einwanderungsland ist nur ein Land, das sich gezielt um Einwanderung bemüht, dann denkt man klassischerweise an Staaten wie die USA oder Kanada. Zur Bekämpfung des Fachkräftemangels bemühen wir uns auch um Einwanderung – das darf man allerdings nicht verwechseln mit der Migration aus humanitären Gründen.

In Äußerungen der Bundesregierung hört man immer wieder die klassische Floskel: «Wir brauchen und wir müssen.» Mir scheint, wenn Politiker nicht weiterwissen, verwenden sie diese Phrase. Sie signalisieren damit, dass sie das Problem kennen, aber keine Lösung anbieten können. Haben Sie den Eindruck, dass bei der Bundesregierung der Wille da ist, das Problem zu lösen?

Nein. Das zeigt ja auch das Interview mit Annalena Baerbock im Deutschlandfunk. Ihre Problembeschreibung war richtig. Nur wird sie nie gefragt: «Frau Baerbock, was machen wir denn jetzt?» Vermutlich würde sie darauf sagen: «Wir verhandeln mit anderen Staaten Rückführungsabkommen» und so weiter, was nichts am Migrationsgeschehen als solchem ändert.

Auch wird immer wieder die Chiffre bemüht: «Wir brauchen die große europäische Lösung.» Dänemark gehört ebenfalls zu Europa – doch es denkt überhaupt nicht daran, auf die große europäische Lösung zu warten. Dänemark war an der Überforderungsgrenze und hat gehandelt. Eine sozialdemokratische Regierung! So eine Politik würde sich unsere SPD niemals trauen!

Ich wünsche mir gar nicht, dass wir dieselben Maßnahmen wie Dänemark ergreifen. Aber *gar nichts* zu tun und auf Brüssel zu warten, ist kein Programm, sondern Hilflosigkeit.

Mit der großen europäischen Lösung ist wohl auch gemeint, einen europäischen Verteilschlüssel zu finden. Der Migrationsforscher Prof. Dr. Ruud Koopmans hat einmal Folgendes dazu gesagt: «Die Deutschen diskutieren, als ob die Badewanne überläuft, möchten aber den Hahn nicht zudrehen.» Was bringt ein anderer Verteilschlüssel innerhalb Deutschlands oder innerhalb Europas?

In Deutschland erfolgt die Verteilung der Flüchtlinge nach dem sogenannten «Königsteiner Schlüssel». Dieser orientiert sich zu zwei Dritteln am Steueraufkommen in den sechzehn Bundesländern und zu einem Drittel an deren Bevölkerungszahl. Diese Form der Verteilung ist innenpolitisch weitestgehend akzeptiert.

Sie ist auch deshalb nicht so problematisch wie die EU-weite Verteilung, weil hier die Wohlstandsunterschiede nicht so erheblich sind wie in allen Staaten zwischen Griechenland und Schweden, zwischen Portugal und Finnland. Ob man nach Hildesheim kommt, nach Hannover oder nach Nürnberg, ist kein großer Unterschied, weder was die Unterbringung noch die medizinische Versorgung noch die schulischen Angebote betrifft. Aber innerhalb der Europäischen Union sind die Unterschiede massiv.

Mittlerweile ist der Satz: «Wir brauchen die große europäische Lösung» nur noch ein Deckmäntelchen für: «Wir machen hier gar nichts.» Wenn wir jedoch so lange warten, bis die EU diese Probleme löst, können wir noch sehr lange warten.

Und selbst wenn: Es ist doch eigentlich ziemlich logisch, dass man bei einem begrenzten territorialen Gebiet mit Verteilung keine grundlegende Lösung herbeiführt, wenn der Nachstrom nicht gebremst wird; man zögert die Überforderung lediglich etwas hinaus. Ist Ungarn also, wie der Migrationsforscher Gerald Knaus sagt, «unsolidarisch», weil es sich weigert, Migranten aufzunehmen, und nicht die gleichen Zustände haben möchte, wie sie in Deutschland herrschen?

Aus Sicht der Europäischen Union verhält sich Ungarn in der Tat unsolidarisch, allerdings hat Viktor Orbán für seine Haltung in dieser Frage offensichtlich innenpolitisch großen Rückhalt. Das wiederum scheint in der EU niemanden so richtig zu interessieren.

Noch einmal: Mich wundert, dass noch nie hartnäckig nachgefragt wurde, nach welchem System *genau* eine EU-weite Verteilung erfolgen soll. Und wie geht es weiter, wenn die Flüchtlinge partout nicht in *das* Land möchten, in das sie verteilt werden sollen? Ist die Verteilungsentscheidung (gegen den erklärten Willen der Betroffenen) ein rechtsmittelfähiger Verwaltungsakt, gegen den man klagen kann? Wenn ja – wo und nach welcher Verfahrensordnung?

Unterstellt, die Betroffenen sind gegen ihren Willen in eine Region verfrachtet worden, in der sie nicht bleiben möchten (und man sie möglicherweise auch nicht freudig empfängt) – wie sollen sie dann daran gehindert werden, in das Wunschland weiterzureisen? Ich behaupte: Wer es von Afghanistan oder Syrien nach Bulgarien oder Lettland geschafft hat, der schafft es auch von dort nach Deutschland, Frankreich oder in die Niederlande. Menschlich gesehen kann ich das sogar verstehen, dass diejenigen, die auf dem Weg sind, gerne dorthin möchten, wo der Wohlstand hoch ist. Und wie wollen wir sie aufhalten, wenn wir die Grenzkontrollen abschaffen?

Im Rheinland gibt es den schönen Satz: «Von nix kütt nix.» Wir müssen immer ganz ehrlich bleiben. Es war die damalige Große Koalition und mit ihr die Kanzlerin Angela Merkel, die die üblichen Einreisevoraussetzungen suspendiert hat. Seit September 2015 gilt wie gesagt, dass die Asylantragstellung an der Grenze – formal das Asylbegehren beim Grenzübertritt – schon die Einreise in die Bundesrepublik Deutschland ermöglicht, und zwar ohne die geltenden Einreisevoraussetzungen wie Pass, Visum oder irgendwelche Personendokumente. Das könnte man allerdings wieder ändern.

Es war auch Angela Merkel, die damals gesagt hat, man könne Grenzen gar nicht schließen. So ein bisschen höre ich das bei der Bundesregierung jetzt ebenfalls wieder raus. Warum kann die Türkei Grenzen schließen, warum konnte Österreich damals Grenzen schließen? Warum können die skandinavischen Länder jetzt ihren Zustrom begrenzen und wir nicht?

Wenn sie unter «schließen» meinen: «hermetisch abriegeln» – nein, das kann man nicht. Ich wünsche mir auch nicht ein Land, das luftdicht abgeschlossen ist, das von niemandem mehr betreten werden kann, denn: Wir haben neun Nachbarländer: acht EU-Mitglieder und die schnuckelige Schweiz. Und wir haben den Schengen-Prozess. Also: Das Land derart zusperren, dass keiner mehr reinkommt, kann auch Dänemark nicht.

Aber es wäre sinnvoll, auf den Hauptherkunftsrouten stationäre Grenzkontrollen einzurichten, damit wir wenigstens die aufhalten können, die schon mal ausgewiesen wurden – viele davon, weil sie Straftaten begangen und eine Wiedereinreisesperre haben. Im Moment gelingt das wie gesagt nur an den Grenzen zu Österreich, Polen und der Tschechischen Republik.

In einer Umfrage[2] *wurde ermittelt, was die Menschen über bestimmte Maßnahmen denken, die man in der Migrationspolitik anwenden könnte. Das Ergebnis ist: Ein Drittel der Befragten befürworten Seeblockaden im Mittelmeer. Mehr als die Hälfte, nämlich 54 % der Befragten, sind für stationäre Kontrollen an den Grenzen zu Deutschland. Fast die Hälfte, 47 %, würde die direkte Rückführung mit Booten auf dem Mittelmeer unterstützen. Sind das Maßnahmen, die man ergreifen könnte?*

Nein, rechtlich nicht. Was die Rückführung anbelangt: Wenn man beispielsweise ein Boot aus Libyen mit Flücht-

[2] INSA für NIUS, September 2023.

lingen aus Kriegs- oder Krisengebieten ablehnt und zurückschickt, handelt es sich um verbotenes Pushback.

Was Seeblockaden anbelangt: Was meinen Sie, wie viele Schiffe wir brauchen würden, um eine Seeblockade zu organisieren, die vom Osten Griechenlands bis nach Portugal reicht? Allein die Große Syrte, eine halbmondförmige Mittelmeerbucht an der Nordküste Libyens, hat eine Länge von 1700 Kilometern. Wie also sollte so eine Seeblockade bewerkstelligt werden?

Dazu kommt: Die Schlepper ziehen die Boote mit den Flüchtlingen oft aufs offene Meer, montieren den Motor ab, fahren dann wieder zurück und überlassen die Menschen ihrem Schicksal. Nun gibt es ein internationales Abkommen namens SOLAS. Die Abkürzung steht für «Safety of Life at Sea», also Schutz des menschlichen Lebens auf See.

> Wenn Menschen um ihr Leben kämpfen, dann ist das Gebot der Stunde nicht, über Ausländerrecht oder Grenzschutz zu diskutieren. In dieser Situation halte ich es für unsere Pflicht, ihnen einen Rettungsring zuzuwerfen.

Dieses Abkommen verpflichtet alle Kapitäne der Weltmeere, Schiffbrüchige zu retten. Es ist also unmöglich, ein motorloses Boot voller Flüchtlinge abzublocken.

Und das ist auch vollkommen richtig: Wenn Menschen um ihr Leben kämpfen, dann ist das Gebot der Stunde nicht, über Ausländerrecht oder Grenzschutz zu diskutieren. In dieser Situation halte ich es für unsere Pflicht, ihnen einen Rettungsring zuzuwerfen. Das heißt nicht, dass sie automatisch ein Aufenthaltsrecht in einem Land der Europäischen Union bekommen, aber zumindest ein Anerkennungsverfahren.

Wäre es nicht denkbar, durch eine Präsenz von Marineschiffen die Boote am Ablegen zu hindern? Wenn ich sehe, dass ich direkt in die Arme einer patrouillierenden Armada fahre, würde ich es vielleicht lassen.

Da haben Sie recht. Das setzt allerdings voraus, dass die betroffenen Staaten mitmachen.

Dazu will ich eine Geschichte erzählen: Ich war – es müsste so um das Jahr 2000 gewesen sein – auf Einladung der spanischen Regierung auf den Kanarischen Inseln. Damals gab es dort einen enormen Zuzug von Flüchtlingen aus der Subsahara über Marokko. Fuerteventura ist die nächstgelegene Insel zum afrikanischen Festland. Dort sind die Migranten als Erstes angekommen. Als wenige kamen, waren das sogar begehrte Hilfskräfte für die Landwirtschaft, die Gastronomie und die Hotellerie.

Als es dann immer mehr wurden, hat die Inselregierung gesagt: «Schöne Grüße nach Madrid. Wir können nicht mehr.» Daraufhin hat Spanien Verhandlungen mit Marokko geführt und schließlich ein Abkommen mit dem nordafrikanischen Land geschlossen. Marokko hat dann – offensichtlich erfolgreich – Maßnahmen ergriffen, die das Ablegen der Schiffe verhindert und die Schleuserkriminalität unterbunden haben. Die Folge war: Die Flüchtlinge sind nach Norden gegangen, also Richtung Libyen.

Ich habe mir die Maßnahmen damals im Detail angesehen. Wir waren mit der Küstenwache unterwegs und ich war in den Aufnahmeeinrichtungen. Als ich wieder in Deutschland war, habe ich von den Erfahrungen dieser Reise berichtet. Das könnte auch uns erwarten. Aber so richtig interessiert hat das damals kaum jemanden.

Wenn wir uns angucken, was andere Länder machen: Soweit ich weiß, hat Dänemark ein Abkommen mit dem Kosovo (oder ist dabei, es zu schließen), um Menschen dorthin abzuschieben. Pro abgeschobene Person, um die sich der Kosovo kümmert, gibt es 15 000 Euro. Großbritannien hat ein ähnliches Abkommen mit Ruanda. Belgien bringt alleinstehende Männer in Obdachlosenheimen unter. Österreich nimmt niemanden mehr auf. Frankreich stoppt beispielsweise die Sozialleistungen bei Ablehnung im Asylverfahren. Sind das alles Methoden, die sich für Deutschland nicht eignen?

Es kann sein, dass diese Methoden am Ende den Zweck erfüllen, aber ich wünsche sie mir nicht. Ich mache schon einen Unterschied zwischen Rückführung und Verbannung.

Ein sehr aktuelles Thema sind Rücknahmeabkommen. Ein Thema, über das seit Jahren gesprochen wird und bei dem man nicht vorankommt. Deshalb die Frage: Sind solche Rücknahmeabkommen überhaupt so auszuhandeln, dass sie für die Gegenseite, also den rücknehmenden Staat, interessant sind?

Ich war schon mit Alt-Kanzlerin Angela Merkel in Nigeria, und der dortige Präsident hat ihr ganz offen gesagt, dass er kein Interesse an der Rücknahme von Landsleuten hat, weil diese mit ihren Überweisungen aus Deutschland mehr Geld ins Land bringen, als wir mit Entwicklungshilfe je zahlen könnten.

Olaf Scholz hat es im vergangenen Jahr auch wieder versucht und angeboten, Fachkräfte aus Nigeria nach Deutschland kommen zu lassen, wenn Nigeria seine abgelehnten Landsleute zurücknimmt. Das klingt nach keinem guten Geschäft für Nigeria – um mal bei diesem Beispiel zu bleiben –, wenn wir die Fachkräfte kriegen und Afrika dafür unausgebildete junge Männer zurückbekommt.

Eigentlich sollte es ganz selbstverständlich sein, dass rechtskräftig abgelehnte, ausreisepflichtige Asylbewerber wieder in ihr Heimatland zurückkehren – und dorthin auch zurückkehren können. Ausnahme: Man findet einen aufnahmebereiten Drittstaat. Das kann ich mir aber nur schwer vorstellen.

Vor diesem Hintergrund ist es erstaunlich, dass wir hierüber mit den Herkunftsstaaten überhaupt verhandeln und Verträge schließen müssen. Was spricht eigentlich dagegen, dass z. B. Marokko einen eigenen Staatsbürger wieder in sein Heimatland einreisen lässt, wenn er für Deutschland kein Aufenthaltsrecht (mehr) hat?

Originell wird es, wenn Deutschland Drittstaaten zur Aufnahme dadurch motiviert, dass man großzügig Visa für deren Fachkräfte zur Einwanderung nach Deutschland in Aussicht stellt. Da stellt sich auch dem Nichtfachmann sofort die Frage: Welches Interesse sollte dieses Land daran haben, Menschen wieder aufzunehmen, die diesem Land bereits vor längerer Zeit den Rücken gekehrt haben, um dann Fachkräfte auswandern zu lassen? Einen Vorteil für Deutschland kann man sofort erkennen, aber für die anderen Staaten? Es sei denn, Deutschland sichert weitere Leistungen zu, die dann als «wirtschaftliche Zusammenarbeit» deklariert werden. Im Klartext: Es soll Geld fließen.

Wenn wir ehrlich sind, geht es im Hintergrund fast immer um solche Zahlungen. Wenn Dänemark seine Migranten in den Kosovo abschiebt zur weiteren Abwicklung der Rückkehr, ist wie erwähnt von 15 000 Euro pro Kopf die Rede. Dieser Realität muss man sich stellen. Eine Art Menschenhandel ist das schon, oder?

Menschenhandel würde ich das nicht nennen, denn dieser Begriff erinnert doch zu sehr an jene Epochen, in denen es noch Sklavenhandel und Leibeigenschaft gab. Aber es stimmt schon, dass hier zwei Staaten Vereinbarungen schließen, die ganz unmittelbar Dritte betreffen – hier abgelehnte Asylbewerber –, die allerdings bei diesen Geschäften nicht beteiligt werden.

Brauchen wir eine Festung Europa?

Nein. Wir hatten immer Zuwanderung, haben sie heute und werden sie auch in Zukunft haben. Gegenüber vergangenen Epochen hat sich jedoch geändert, dass seit gut fünfzig Jahren sehr viele Menschen aus außereuropäischen Ländern, aus anderen Kulturkreisen zu uns kommen. Zu den Zeiten der Anwerbung der sogenannten «Gastarbeiter» ging es um Menschen, die wir brauchten; seit vielen Jahren geht es eher um solche, die *uns* brauchen. Sie suchen Schutz vor den Folgen von Kriegen oder politischer Verfolgung oder sie kommen ganz einfach in der Hoffnung auf ein neues, besseres Leben als in der Heimat.

> Zu den Zeiten der Anwerbung der sogenannten «Gastarbeiter» ging es um Menschen, die wir brauchten; seit vielen Jahren geht es eher um solche, die *uns* brauchen.

Die Anwerbung der Gastarbeiter geschah in einem geordneten Verfahren, sie war regulär. Heute haben wir es überwiegend mit irregulärer Migration zu tun. Und es ist doch erkennbar *dieser* Teil des Migrationsgeschehens, der uns den größten Kummer macht.

Leider neigen wir in Debatten gerne zu Extremen. Als gäbe es nur die Alternativen komplette Abschottung oder grenzenlose Offenheit. Die Vernunft liegt exakt in der Mitte: Wir dürfen die Integrationskraft unseres Landes nicht überfordern und müssen sicherstellen, dass wir wissen, wer in unser Land kommt.

Was glauben Sie: Welcher Partei trauen die Leute heute am ehesten zu, die Migrationskrise zu lösen?

Ich fürchte, keiner Partei. In diesem Punkt erhält höchstens die AfD Zustimmung, weil sie auf komplexe und sehr komplizierte Fragen ganz schlichte Antworten gibt.

Da liegen Sie goldrichtig. Die erwähnte Umfrage hat auch ergeben, dass 33 % der Befragten der AfD zutrauen, den Zuzug nach Deutschland zu reduzieren. Die Nächstplatzierte ist die Union mit 23 % der Stimmen. 16 % der Befragten trauen es keiner Partei zu. Die meisten anderen Parteien erhielten einstellige Stimmzahlen. Das ist ein bitterer Befund, oder?

Ja, vor allem wenn man auf die Ergebnisse der Ampel guckt. Die drei Parteien kommen zusammen auf schmale 15 %. Wenn die Menschen das Vertrauen verlieren, dass die Regierung Probleme löst, die man nicht leugnen kann, dann kommt die Stunde der Populisten und der Extremisten, der schlichten Antworten und der scheinbar einfachen Lösungen. Das hat unserem Land noch nie gutgetan.

Können Sie sich erklären, warum drei Parteien nicht in der Lage sind, so ein Problem anzupacken? Blockieren sich die Parteien gegenseitig?

Ich glaube, es wird im Moment sehr viel Rücksicht auf die Grünen genommen. Das war ja schon beim Atomausstieg der Fall. Damit hat man dem Klimaschutz, der doch immer hochgehalten wurde, einen Bärendienst erwiesen. Aus der Kernenergie auszusteigen, das hatten die Grünen versprochen – und dann wurde es tatsächlich so beschlossen, obwohl durch andere Formen der Energieerzeugung Millionen Tonnen CO_2 zusätzlich in die Atmosphäre entlassen werden.

Für die Grünen lautet der Glaubenssatz: Jede Form der Zuwanderung ist eine Bereicherung für unser Land. Damit leugnen sie, dass Zuwanderung auch mit Belastungen verbunden sein kann.

Würden Sie den Wählerinnen und Wählern guten Gewissens empfehlen, bei der Bewältigung der Migrationskrise auf die Union zu setzen – nach den Erfahrungen aus dem Jahr 2015?

Wenn die Union die absolute Mehrheit hätte, ja. Wenn sie jedoch Rücksicht nehmen müsste auf mögliche Koalitionspartner, hätte ich Zweifel.

«Längst von der Lebenswirklichkeit abgekoppelt»

Der Realitätsverlust der Ampel

2015 wurde unter anderem über die sogenannte Obergrenze von 200 000 Menschen gesprochen, die nach Deutschland zuziehen. Vor einiger Zeit hat Markus Söder diese Zahl als Integrationsgrenze wieder ins Gespräch gebracht und ist dafür stark kritisiert worden.

In der zuvor genannten Umfrage wurde auch ermittelt, wie viele Menschen solch eine Obergrenze gut fänden. Das Ergebnis ist: 56 % der Befragten sagten, sie würden solch eine Grenze akzeptieren – mit Ausnahme der Grünenwähler. Das sind die Einzigen, die das nicht so sehen. Wie geht man damit um?

Die Grünen haben sich längst abgekoppelt von der Lebenswirklichkeit und auch davon, was die Mehrheit der Bevölkerung denkt. Das Problem bei den Grünen ist ja nicht nur, dass sie sich für die besseren Politikerinnen und Politiker halten – diese Haltung findet man in allen Parteien; sie ist sozusagen systemimmanent. Nein, die Grünen halten sich für die besseren Menschen. Sie glauben, dass sie anderen Menschen, anderen Parteien moralisch überlegen sind. Und wer eine andere Meinung hat als die Grünen, ist für sie uneinsichtig, als Politiker minderbegabt. Das ist der Grund, weshalb sie nicht in die

> Die Grünen haben sich längst abgekoppelt von der Lebenswirklichkeit und davon, was die Mehrheit der Bevölkerung denkt.

Lebenswirklichkeit herunterkommen, um sich den ganz alltäglichen Problemen zu stellen.

Es geht im Übrigen nicht um 200 000 auf den Punkt genau – ob es 199 000 sind oder 201 000, ist nicht entscheidend. Im Streit Horst Seehofer vs. Angela Merkel ging es jedoch genau darum: um die Zahl 200 000. Dabei ist die Zuwanderung in Wahrheit jedes Jahr wesentlich höher! Bei der Zahl 200 000 geht es nur um Menschen, die aus anderen Kulturkreisen zuziehen, weil sie humanitär schutzbedürftig sind, die aus Kriegs- oder Krisengebieten kommen oder einfach nur in der Hoffnung auf ein besseres Leben.

Müsste die Obergrenze bei illegaler, also dem Gesetz nach unberechtigter Migration nicht eigentlich bei null liegen?

Richtig. Es wird gerne behauptet, durch den europäischen Einigungsprozess und die Schengener Abkommen hätte man die Grenzen abgeschafft. Aber die Grenzen wurden nicht abgeschafft – lediglich die *Binnengrenzkontrollen.* Und zwar mit dem Versprechen, Schritt für Schritt für sichere EU-Außengrenzen zu sorgen. Erst dann wäre die Abschaffung der Binnengrenzkontrollen gerechtfertigt gewesen. Das heißt: erst sichere Außengrenzen, dann Abschaffung der Grenzkontrollen.

Wer aber nach den Erfahrungen der letzten Jahre immer noch behauptet, wir können die EU-Außengrenzen gegen illegale Migration abschotten, der muss einen ganz kleinen Globus haben. Das schafft man nicht! Wie schon erläutert: Man kann die Seegrenze nicht komplett abriegeln. Solch ein Versprechen kann man objektiv – egal wer regiert – nicht halten. Zwar ist es möglich, punktuell das Schleuserunwesen zu bekämpfen oder Seenotrettungsmissionen zu starten; aber man wird die illegale Migration nie ganz stoppen können.

Also bleiben die üblichen Voraussetzungen für einen Grenzübertritt, nämlich die Pass- und Visumpflicht. Natürlich wundert es mich nicht, wenn jemand, der aus einem Kriegs- oder Krisengebiet kommt, kein Visum hat. Aber er oder sie muss doch wenigstens Auskunft geben können über Nationalität und Identität. Gut 90 % der Migranten haben ein Smartphone, aber kaum einer hat einen Pass. Wenn man allerdings weder die Identität kennt noch die Nationalität, ist eine Rückführung von abgelehnten Bewerbern sehr schwer. Deshalb sind stationäre Grenzkontrollen so wichtig – und Schleierfahndungen kein Ersatz.

Wenn wir uns die Ergebnisse der Umfrage genau ansehen, dann sind auch über 40 % der Grünen-Anhänger der Ansicht, dass es eine Integrationsobergrenze geben sollte. Ist es dennoch gerechtfertigt, dass man in dieser Art und Weise auf die Grünen-Politik Rücksicht nimmt?

Nein, es ist nicht in Ordnung, weil die erste Verpflichtung – schöne Grüße an den Bundeskanzler –, nicht den Koalitionspartnern gilt. Vielmehr ist es die allererste und vornehmste Pflicht eines Bundeskanzlers, den Interessen des

Landes zu dienen. Sich daran zu orientieren, was die Bürger des Landes von ihrer Regierung erwarten. Aber solange in der Koalition der Koalitionsfriede über den Interessen des Landes steht, solange werden die Probleme nicht nur bleiben – sie werden sich noch vergrößern.

> Solange in der Koalition der Koalitionsfriede über den Interessen des Landes steht, solange werden die Probleme nicht nur bleiben – sie werden sich noch vergrößern.

Carsten Linnemann hat der Bundesregierung im Oktober 2023 einen Schulterschluss zur Eindämmung des Migrationsproblems angeboten. Was ist eigentlich die probate Methode für eine große Oppositionspartei: Schulterschluss, Kooperation oder Attacke?

Das eine schließt das andere nicht aus. In jedem Fall erwarten die Menschen von der Union, dass sie den Finger in die Wunde legt. Und – anders als von der AfD oder von den Linken – erwarten sie, dass wir nicht Nein sagen um des Neinsagens willen, sondern dass wir der Regierung dort Hilfe anbieten, wo sie etwas Vernünftiges tut.

Olaf Scholz traut sich nicht, die Grünen aus der Regierungsverantwortung zu entlassen und CDU und CSU in die Verantwortung einzubinden. Das würde dem Land guttun, aber seine Partei spalten. Also geht's weiter wie bisher, auch wenn das nun wahrlich kein Erfolgsmodell ist.

Das gilt übrigens nicht nur für das Thema Migration, sondern auch für das Thema drohende Deindustrialisierung unseres Landes. Ich weiß aber selbst, dass weite Teile der SPD längst auf dem grünen Trip sind. Es ist also ein frommer Wunsch von mir, der nicht in Erfüllung gehen wird.

Haben Sie gerade dem Kanzler empfohlen, es so ähnlich zu machen wie Helmut Kohl Anfang der 80er-Jahre – den Koalitionspartner zu wechseln und die Union reinzunehmen?

Nein. 1982 war das anders. Damals verlor Helmut Schmidt sein Amt als Bundeskanzler durch das konstruktive Misstrauensvotum des Bundestags, woraufhin Helmut Kohl zum neuen Bundeskanzler gewählt wurde.

Aber formal könnte Scholz die Koalition platzen lassen und sich mit den Stimmen der Union gegen einige Ministerämter noch mal wählen lassen, oder?

Ja! Und es muss doch auffallend sein: Wir hatten schon einmal sieben Jahre Rot-Grün! Sieben Jahre heißt: Die Koalition hat noch nicht einmal zwei volle Wahlperioden erfolgreich durchgestanden.

2005 wurde Jürgen Rüttgers Ministerpräsident in Nordrhein-Westfalen und Franz Müntefering rief vorgezogene Neuwahlen aus. Regulär wären die Wahlen 2006 dran gewesen. Im Herbst 2005 kam es am Wahlabend zu einer legendären Elefantenrunde mit Gerhard Schröder. Er war gut drauf und spottete: «Frau Merkel, Sie glauben doch nicht, dass Sie mit unseren Stimmen Kanzlerin werden!» Doch dann wurde sie es! Und warum? Weil die wirtschaftliche

Lage in Deutschland mit über fünf Millionen Arbeitslosen katastrophal war.

Wenn man in der Migrationsdebatte «Begrenzung» der Zuwanderung fordert, wird oft erwidert: Deutschland braucht Zuwanderung. Das ist ein wenig so, als würde ein Übergewichtiger bei der Empfehlung zum Fasten antworten, jeder Mensch müsse essen. In beiden Fällen sind die Antworten richtig und gehen doch meterweit am Thema vorbei. Ist das eine Form bewusster Täuschung oder Ahnungslosigkeit?

Ahnungslosigkeit wäre bitter, aber gegenüber einer vorsätzlichen Täuschung die harmlosere Variante. Richtig ist, dass wir ohne Zuwanderung seit Jahrzehnten eine negative Bevölkerungsentwicklung hätten, wobei es ja in erster Linie nicht darauf ankommt, wie viele Menschen in einem Land leben, sondern wie der Altersaufbau ist. In Deutschland beträgt das Durchschnittsalter der Bevölkerung ungefähr 43 Jahre, weltweit knapp über 30 Jahre. Das sagt nicht alles, aber viel. Schlicht formuliert: Zukünftig müssen immer weniger Jüngere für immer mehr Ältere sorgen.

Da die stark gestiegene Zuwanderung in der Bevölkerung zu einer stark gestiegenen Skepsis führt, brauchen die Befürworter einer expansiven Migrationspolitik Argumente, die zu einer erhöhten Akzeptanz in der Bevölkerung führen sollen. Sie sagen: «Wir haben einen Mangel an Fachkräften (alternativ: Arbeitskräften), deshalb braucht Deutschland noch mehr Zuwanderung.» Übrigens, diesen Slogan hört man oft auch aus Reihen der Wirtschaft.

Das insinuiert: Alle Migranten sind relativ problemlos in

offene Stellen vermittelbar, dort bleiben sie auch dauerhaft, können ihren Lebensunterhalt durch eigener Hände Arbeit verdienen und tragen somit zu Wohlstand und Wachstum bei. Mit anderen Worten: so wie früher bei der Zuwanderung der Gastarbeiter auch.

Schön wär's. Wie schon erwähnt, sprechen die Tatsachen eine andere Sprache. 1973, zum Zeitpunkt des Anwerbestopps, erlassen übrigens von der Regierung Willy Brandt, waren ausländische Arbeitnehmer *unter*durchschnittlich arbeitslos. Heute ist genau das Gegenteil der Fall. Vor wenigen Jahren hat DIE WELT berichtet, dass ca. 46 % der Arbeitslosen in Deutschland einen Migrationshintergrund haben.

Außerdem: Im Herbst 2023 waren in Deutschland knapp 2,7 Millionen erwerbsfähige Personen arbeitslos gemeldet. Davon ist ein gutes Drittel als langzeitarbeitslos registriert. Bis zur Stunde konnte mir noch niemand plausibel erklären, dass deren berufliche Qualifikationen und Erfahrungen derart deutlich unter denen der Migranten liegen, dass diese auf unserem Arbeitsmarkt sofort integrierbar sind, die größte Zahl der Arbeitslosen jedoch nicht.

Hat man nicht manchmal den Eindruck, dass wir in der ganzen Migrationsdebatte zumindest in Deutschland unter Realitätsverlust leiden? Da gibt es Debatten darüber, ob man am Rande Europas überhaupt Zäune bauen sollte oder ob Zäune nicht einen irgendwie eskalierenden Anblick abgeben.

Gleichzeitig wird in Deutschland nicht darüber diskutiert, wie der Zustrom gestoppt oder reguliert werden kann, sondern wie die Finanzierung in den Kommunen bei der Aufnahme zwischen Bund und Ländern verteilt wird. Als sei es ein reines Finanzproblem. Dabei ist die schlichte Wahrheit: Irgendwann sind ja einfach alle Wohnungen belegt.

Herr Asselborn, der ehemalige Außenminister von Luxemburg, wollte die Außengrenzen Europas offen halten. Luxemburg hat allerdings gar keine EU-Außengrenzen und nimmt bei der Verteilung von Migranten schon mal dreizehn (!) Flüchtlinge auf …

Diese ganzen Debatten haben doch mitunter skurrile Züge. Haben wir eigentlich einen wirklich realistischen Blick auf Migration und die Folgen?

Es werden tagtäglich mehr, deren Blick realistischer wird. Spätestens ab Sommer 2023 war klar, dass immer mehr Kreise, Städte und Gemeinden akut überfordert waren. Dennoch ist kein durchgreifender Politikwechsel in Sicht. Auch deshalb, weil die Grünen diesen nie und nimmer mitmachen würden.

Zwar gibt es auch in deren Reihen immer mehr, die nicht komplett faktenresistent sind, aber das ist eine Minderheit. Nach dem Motto: «Es muss jetzt was passieren. Aber es darf sich nicht viel ändern!», hat die Ampel im Herbst 2023 ein Maßnahmepaket auf den Weg gebracht, das Ausweisungen und Abschiebungen wesentlich erleichtern und beschleunigen soll. Kanzler Scholz bekräftigte, es werde jetzt «im ganz großen Stil abgeschoben». Wow! Das war mal eine klare Ansage! Sozusagen ein migrationspolitischer Wumms.

Im Hochsommer 2023 lebten etwa 262 000 grundsätzlich ausreisepflichtige Personen in Deutschland. Was allerdings nicht bedeutet, dass diese auch sofort abgeschoben werden könnten. Zieht man die Ausreisepflichtigen mit Duldung ab, bleiben noch etwa 54 000 Personen übrig. 54 000, eine stolze Zahl!

Nun musste die Ampel den großen Worten des Kanzlers ja irgendwie Taten folgen lassen. Gemeinsam mit den Ländern wurde an einem Papier zur Durchsetzung beschleunigter Abschiebungen gearbeitet. Gefragt, mit wie vielen zusätzlich abgeschobenen Personen denn nun de lege ferenda gerechnet werden könnte, teilte die Bundesregierung lapidar mit: etwa 600. Von wegen «großer Stil». Das ist keine kraftvolle Politik, das ist die Simulation von Politik.

Die Idee, innerhalb der EU, genauer gesagt im sogenannten Schengen-Raum, die Binnengrenzkontrollen abzuschaffen, war richtig. Freie Fahrt statt langem Warten an Schlagbäumen, freie Fahrt statt Kontrollen bei Aus- und Einreise. Wer sagt dazu schon Nein?

Aber Brüssel hatte schon damals gewusst, dass dieser Plan nur dann *nicht* zu einer dramatischen Ausweitung der irregulären Migration führen würde, wenn Zug um Zug die EU-Außengrenzen sicher geschützt werden. Geschützt vor irregulärer, illegaler Migration. Auch nach Abschaffung der Binnengrenzkontrollen sollte die Staatengemeinschaft souverän darüber entscheiden, wer auf welcher Rechtsgrundlage unter welchen Bedingungen in die EU einreisen und zwischen den Mitgliedsstaaten hin- und herreisen können sollte.

Dann kam der September 2015. Und ausgerechnet Deutschland, das ohnehin überdurchschnittlich viele Migranten aufgenommen hatte, erweckte den Eindruck, als könnten die eigenen Grenzen gegen illegale Migration überhaupt nicht geschützt werden. Als gäbe es, wie gesagt, nur die Varianten Abschottung oder grenzenlose Offenheit für alle, die kommen wollen. Woher und warum auch immer – sofern nur an der Grenze ein Asylbegehren vorgetragen würde. Das hatte sich international sehr schnell herumgesprochen. Viele – die meisten davon aus den Flüchtlingslagern – machten sich auf den Weg, nur irgendwie in ein Land der EU zu kommen, denn dann war der Weg nach Deutschland nicht mehr weit.

Und genau so kam es dann auch. Problem: Wenn man einmal «Grenzöffnung» nicht nur als politisches Signal, sondern auch als eine Art humanitäre Notwendigkeit proklamiert hat, dann ist eine Kehrtwende um 180 Grad nur noch extrem schwer möglich – auch weil diese Kurskorrektur dann logischerweise als humanitäre Hartherzigkeit interpretiert würde.

Kurios war schon damals die Argumentation, die Grenzen hätten gar nicht geöffnet werden können, weil sie ja offen gewesen seien. Soll heißen: Sowohl vor als auch nach dem berühmten September 2015 hätte man problemlos ein- und ausreisen können, losgelöst von allen rechtlichen Voraussetzungen. Diese Argumentation wird auch heute noch gerne garniert mit dem bereits erwähnten Hinweis, durch den Schengen-Prozess seien «die Grenzen abgeschafft» worden. Und wo keine Grenze, da keine Grenzkontrollen.

Klingt logisch, ist aber in mehrfacher Hinsicht unzutreffend. Zum einen deshalb, weil sich auch durch Schengen an den Staatsgrenzen und deren Existenz überhaupt nichts geändert hat, und zum anderen, weil die üblichen rechtlichen Einreisevoraussetzungen für Drittstaatler, wie Pass- und Visumspflicht, nie geändert wurden. Neu war eben: Die Voraussetzungen entfallen seitdem durch das Asylbegehren an der Grenze.

Und natürlich durfte auch die skurrile Frage nicht fehlen: «Wie wollen Sie die Leute denn an der Einreise hindern? Wollen Sie schießen?» Hat die Bundesrepublik jemals versucht, durch den Gebrauch von Schusswaffen Menschen an der Einreise zu hindern? Nein. War sie deshalb gegenüber illegalen Einreisen hilflos? Nein. Mit der Schusswaffen-Logik hätte man auch gleich auf jede Grenzkontrolle verzichten können, was aber aus guten Gründen nicht geschehen ist.

Allein die physische Existenz einer Grenze und Anlagen zur Sicherung der Grenze vor irregulärer Migration sollen solche Personen von der Einreise abhalten, bei denen die rechtlichen Voraussetzungen nicht vorliegen. Hinzu kommen die Kontrollen durch Bundespolizei und Zoll. Ist dadurch sichergestellt, dass niemand unerkannt und illegal über die Grenze kommen kann? Nein. Aber diese schlichte Feststellung ist doch kein Grund, auf Kontrollen zu verzichten!

Und dass sie wirken, nicht nur in Form der Schleierfahndung, auch und gerade unmittelbar an der Grenze, ist seit dem Herbst 2023 nicht mehr ernsthaft zu bestreiten. Bis dahin konnten wir mangels stationärer Kontrollen noch nicht einmal jene am Grenzübertritt hindern, die schon mehrfach eingereist und später ausgewiesen und abgeschoben wurden. Selbst solche Personen, die eine Wiedereinreisesperre hatten. Dies alles vor dem Hintergrund der Rechtsprechung des EuGH, dass nach erfolgter Einreise niemand mehr zurückgeschoben werden darf. Es müsse dann halt ein neues Verfahren geben, mit allen sich daraus ergebenden Konsequenzen. Kein Wunder, dass viele Zweifel haben, ob der Rechtsstaat die öffentlichen, staatlichen Interessen hinreichend beachtet.

Es ist aber nicht logisch, wenn wir Ungarn wegen seines Grenzzauns auf europäischer Ebene schelten, gleichzeitig die Kommissionspräsidentin aber nach Bulgarien und Griechenland fährt und den Grenzzaun zur Türkei lobt und mit europäischen Mitteln bezuschusst. Auch Polen baut eine hohe Grenzanlage zu Weißrussland. Wird da mit zweierlei Maß gemessen?

Das hat leider eine längere Tradition. Ende 2015 hat die Bundesregierung öffentlich die südosteuropäischen Nachbarn gerügt wegen ihrer vermeintlichen Abschottungspolitik. Ich weiß aber, dass man intern heilfroh war, dass die Balkanroute langsam, aber sicher geschlossen wurde und damit auch der Zuzug nach Deutschland nachließ. Und dann kam das Abkommen mit der Türkei, was ja noch einmal zu einer Reduzierung geführt hat, Zug um Zug gegen sehr viel Geld.

Mittlerweile steigen die Zahlen ja wieder deutlich an, und wenn wir ehrlich sind, haben wir aus dem Migrationsherbst 2015 nicht besonders viel gelernt und keine wirklich wirksamen Konsequenzen daraus gezogen. Als Bundesrepublik Deutschland haben wir das Glück, dass unsere Seegrenzen

> Wenn wir ehrlich sind, haben wir aus dem Migrationsherbst 2015 nichts gelernt und keine Konsequenzen daraus gezogen.

unter migrationspolitischen Gesichtspunkten völlig unproblematisch sind und wir nur eine Nicht-EU-Grenze haben. Das ist die Grenze zur Schweiz. Alle anderen Nachbarn gehören der Europäischen Union an und sind wie die Schweiz gefestigte, sichere, verfolgungsfreie Demokratien. Trotzdem wandern die Menschen weiter nach Deutschland, weil sie in diesen Ländern nicht bleiben wollen.

Die Nicht-EU-Grenze zur Schweiz, die Sie erwähnt haben, ist migrationspolitisch doch nicht ganz unproblematisch, weil die Schweiz der Ansicht ist, diese Migration sei ein EU-Problem, und munter alle Migranten durchwinkt nach Deutschland.

Was die Ehrlichkeit betrifft: Ich erinnere mich noch gut, dass die Kanzlerin im Frühjahr 2016 auf dem einen EU-Gipfel sogar Österreich öffentlich gerügt hatte für das Schließen der Balkanroute und sich die Beobachter fragten, ob das nun Starrsinn oder «Willkommenskultur» bis zur Selbstaufgabe war. Wenn man schon nicht «Danke» sagen will, hätte sie auch einfach mal nichts sagen können, wenn schon der Nachbar ihr die Arbeit abnimmt …

Nachvollziehbar war es, den damaligen sozialdemokratischen Kanzler Österreichs Werner Faymann dafür zu rügen, dass er Anfang September 2015 zwar Viktor Orbán dafür kritisiert hatte, nicht jene Flüchtlinge aufzunehmen, die zu dieser Zeit im Budapester Ostbahnhof unter schwierigen Verhältnissen eingepfercht waren, gleichzeitig aber nicht wollte, dass alle nach Österreich kamen.

Deutschland hat keine gemeinsame Grenze mit Ungarn, wohl aber Österreich. Zwar wurde Ungarn harsch aufgefordert, «in Zukunft die Dublin-III-Regularien einzuhalten» – aber Österreich seinerseits wollte nur einen kleinen Teil aufnehmen, den größeren Deutschland. So kam es dann auch.

Sie sprechen konsequent von «Flüchtlingen», nicht von «Geflüchteten», obwohl seit längerer Zeit dieser Begriff Verwendung findet.

Nicht aus Versehen, sondern ganz bewusst. Wir neigen immer mehr dazu, die verschiedenen Formen der Migration zu vermischen. Der Begriff «Flüchtling» ist einerseits ein Sammelbegriff für alle Menschen, die aus humanitären Gründen kommen, aber eben auch ein förmlicher Rechtsbegriff. Die Flüchtlingseigenschaft ist ein rechtlicher Status, der im Wege eines rechtsförmlichen Verfahrens zuerkannt werden muss, wenn jemand aus anerkannten Schutzgründen Aufnahme gefunden hat. Doch viele differenzieren nicht mehr zwischen illegaler Migration und anerkannten Schutzsuchenden. Der neue Sammelbegriff heißt dann «Geflüchtete».

Wenn man sich die Generation der unter 15-Jährigen anguckt, dann liegt der Migrantenanteil heute in dieser Altersgruppe bei 42 Prozent. Die Bundesregierung möchte in den nächsten zehn Jahren noch mindestens sechs Millionen Ar-

beitsmigranten ins Land holen. Damit dürfte die Migrantenquote in den jungen Jahrgängen dann bei deutlich über 60 Prozent liegen. Kann das gut gehen? Was macht das mit dem Land? Wie verändert sich Deutschland?

Deutschland hat sich schon verändert und das Land wird sich stetig weiter verändern. Das ist keine sprunghafte, eine eher schleichende Entwicklung, unaufhaltsam.

Das liegt zum einen an der anhaltend hohen Zuwanderung von Menschen außerhalb Europas und zum anderen an der demografischen Entwicklung. Wir ersetzen die ältere Generation schon seit Jahrzehnten nur zu etwa zwei Dritteln. Das ist keineswegs ganz selbstverständlich; andere Länder, zum Beispiel Frankreich, haben eine deutlich höhere Geburtenrate. Um die Bevölkerungszahl – ohne Zuwanderung – konstant zu halten, bräuchten wir aber 2,1 Kinder pro Mutter bzw. pro Paar.

Aufgrund der anhaltend hohen Zuwanderung werden aus aktuellen Minderheiten bald Mehrheiten werden. In einigen Vierteln von Großstädten ist das ja heute schon der Fall. Dann stellt sich die Frage: Wer muss sich hier eigentlich in welche Richtung integrieren? Hierdurch aber werden Integrationsprobleme nicht kleiner, eher größer.

> Aufgrund der anhaltend hohen Zuwanderung werden aus aktuellen Minderheiten bald Mehrheiten werden.

Ja, Deutschland wird sich verändern. Daran habe ich keinen Zweifel.

Ist diese abschüssige Demografie nicht im Grunde auch ein Zeichen dafür, dass unser Lebensmodell an seine Grenzen stößt? Wir glauben, dass wir beispielsweise – um als Doppelverdiener-Haushalte leben zu können – die Kindererziehung an staatliche Einrichtungen auslagern können und die Pflege am Lebensende einer Versicherung übertragen. Würden wir uns selbst um Kinder und Senioren kümmern, könnten wir womöglich nicht ganz so viel arbeiten, brauchten aber auch keine Hunderttausende Betreuungs- und Pflegekräfte. Vielleicht funktioniert unser Lebensmodell gar nicht. Ganz offensichtlich haben wir nicht genug Nachwuchs und verlangen vom Rest der Welt, bei uns auszuhelfen. Ist das fair? Wir nehmen uns die Freiheit, individuell privat über unser Leben zu entscheiden, obwohl das nur noch mithilfe von außen funktioniert. Aber uns selbst ändern wollen wir nicht …

Die Entscheidungsfreiheit darüber, wie das Familienleben gestaltet wird, wie Familien- und Erwerbsarbeit aufgeteilt und organisiert wird, ist Privatsache. Dem Staat obliegt die Aufgabe, die Rahmenbedingungen dafür zu schaffen, dass es auch tatsächlich diese Form der innerfamiliären Entscheidungsfreiheit gibt. Ich sehe in der Politik auch niemanden, der das ändern will. Der Staat sollte nicht auch noch hier zulasten der Bürger übergriffig werden.

In unserer Familie war meine Frau noch bis zum dritten Kind berufstätig. Danach hatte für sie die Betreuung und Erziehung unserer Töchter ganz eindeutig Vorrang vor jeder Erwerbsarbeit. Heute hilft sie liebevoll unserer Jüngsten bei der Betreuung unserer Enkel. Und wer jetzt stöhnt: «Das ist aber nicht modern!», dem sei gesagt, dass es uns stets wichtiger war, dass wir die Erziehung der Kinder nicht überwiegend an öffentliche Einrichtungen delegieren, sondern uns selbst darum kümmern konnten.

Natürlich weiß auch ich, dass sich die gesellschaftlichen Realitäten zwischenzeitlich stark verändert haben und dass es Alleinerziehende diesbezüglich viel schwieriger haben als Familie Bosbach. Aber die Frage: «Wie? Nur Haus- und Familienarbeit? Keine Erwerbstätigkeit?» ist total deplatziert. Wer Entscheidungsfreiheit will, der muss auch Entscheidungen respektieren, die nicht den eigenen Überzeugungen entsprechen. Wie käme ich dazu, die Entscheidungen anderer Familien zu kommentieren oder gar zu kritisieren?

Mir ging es um das Gegenteil. Wenn wir als Nation die Vorstellung haben: Es muss möglich sein, dass ich arbeite und jemand anderes kümmert sich um Kinder und Alte, und dieser Anspruch lässt sich nur mit philippinischen Pflegekräften erfüllen, dann könnte man auf die Idee kommen, dass der Anspruch unrealistisch ist. Es wollen jetzt auch immer mehr Menschen höchstens vier Tage arbeiten und davon zwei im Homeoffice und mehr Work-Life-Balance haben. Das führt am Ende zu weniger Wohlstand, weil noch keine Gesellschaft durch weniger Arbeit reicher geworden ist.

Dennoch wird der Versuch gerne unternommen! Einem Sportler würde man wohl nie zurufen: «Trainiere weniger, dann bist du im Wettkampf erfolgreicher!» Wohlstand kommt nicht vom Festkleben, Wohlstand kommt von Fleiß, Investitionen und Innovationen. Wer nur noch vier Tage pro Woche arbeiten möchte, der mag das tun. Aber gleichzeitig so viel Geld verdienen, als betrüge die Arbeitszeit 40 oder 38,5 Stunden im selben Zeitraum, führt nicht zwangsläufig zu mehr gesamtgesellschaftlichem Wohlstand.

> Wohlstand kommt nicht vom Festkleben, Wohlstand kommt von Fleiß, Investitionen und Innovationen.

Nichts gegen Work-Life-Balance, die haben wir in Nordrhein-Westfalen erfunden! Westfalen steht für *work* und das Rheinland für *life,* aber noch ist Wohlstand die Folge von Leistung und Kreativität, nicht von Müßiggang. Daran wird sich auch in Zukunft nichts ändern. Wer glaubt, wir könnten bei nachlassender wirtschaftlicher Leistungsfähigkeit gleichzeitig den Sozialstaat immer weiter ausbauen, dem ist nicht zu helfen.

Ein anderes Thema: Im Augenblick sind ja «Wenden» sehr modern: Energiewende, Wärmewende, Agrarwende, Verkehrswende … Im Kern bedeutet das immer, irgendwo auszusteigen. Und wenn man genauer hinsieht, ist nicht so ganz klar, wo man eigentlich einsteigen will und ob das überhaupt funktioniert. Haben wir da wieder einen Fall von Realitätsverlust? Haben wir die Bodenhaftung verloren und möchten uns eine Wunschwelt schaffen?

Diese Beschreibung muss noch komplettiert werden durch den Hinweis, dass bei der ganzen Wenderei aus voller Überzeugung behauptet wird, dadurch würden wir für die ganze Welt zum Vorbild. Namentlich den Grünen genügt es schon lange nicht mehr, nur im Inland als politische Avantgarde aufzutreten, jetzt müssen sie auch noch der Welt beweisen, wie gute Politik auszusehen hat. Keine Ahnung, ob es überhaupt weltweit auch nur ein einziges Land gibt, das sich das deutsche Heizungsgesetz zum Vorbild genommen hat. Ich tippe mal, dass das nicht der Fall ist. Nach grüner Überzeugung ist dann aber die Welt auf einem Irrweg, Grün niemals!

Man kann Politik machen gegen die politische Überzeugung einer Opposition, das ist sogar die Regel. Man kann auch, wie beispielsweise in der Migrationspolitik, die kühne Absicht haben, gegen den Mehrheitswillen der Bevölkerung Politik zu machen. Das ist zwar in der Regel nicht gut, aber man kann es zumindest versuchen. Doch gegen die Wirklichkeit oder gegen naturwissenschaftliche Erkenntnisse Politik zu machen, das kann nicht funktionieren. Das wird kein gutes Ende nehmen.

Beispiel Energiepolitik. Die Grünen kommen ja aus der Ökopax-Bewegung. Der Atomausstieg war für sie, wie schon erwähnt, immer ein ganz wichtiges politisches Ziel. So weit, so gut. Nun kommt es aber bei der Zukunftsgestaltung für eine große Industrienation wie Deutschland nicht auf das Wohlbefinden einer Partei oder das subjektive Wohlergehen altgedienter Anti-Atomkraft-Veteranen an, sondern auf Entscheidungen, die dem Wohl des *Landes* dienen. Auch dann, wenn es alten Brokdorf-Aktivisten ganz und gar nicht gefallen mag. Der Atomausstieg war ja schon zu Beginn der Ampel beschlossene Sache. Dann aber kamen der Ukraine-Krieg, der Energieboykott Russlands, Energieknappheit plus stark steigende Energiepreise.

Wieso soll es den Interessen des Landes dienen, exakt in dieser Phase das Angebot an preiswerter, CO_2-armer Energie durch Abschalten von Meilern zu verknappen, aber weiterhin Strom aus Frankreich, auch aus dortigen AKWs, zu importieren? Und wieso soll es der Umwelt zugutekommen, wenn bei uns im Winter 2023/2024 die Kohlekraftwerke auf Hochtouren laufen, die Kernkraftwerke aber abgeschaltet bleiben?

> Gegen die Wirklichkeit oder gegen naturwissenschaftliche Erkenntnisse Politik zu machen, das kann nicht funktionieren.

Man kann ja mal die CO_2-Bilanz bei der Stromerzeugung von Deutschland mit der von Frankreich vergleichen. Da schneidet Deutschland ganz miserabel ab.

Ich habe die Debatte vor dem Aus der heimischen Kernindustrie mit großem Interesse verfolgt. Es war schon interessant zu hören, dass von grüner Seite aus zeitgleich behauptet wurde, der Anteil der Kernenergie an der Energieerzeugung sei extrem gering, daher sei Atomstrom verzichtbar. Zur gleichen Zeit konnte man von gleicher Seite hören, wir hätten derart viel Strom aus AKWs im Netz, dass erneuerbare Energien nicht mehr fließen könnten. Ja, was denn jetzt?

Es hätte mir wirklich imponiert, wenn die grüne Prominenz ganz offen und ehrlich gesagt hätte: «Unsere Angst vor den Reaktionen der grünen Basis beim Weiterbetrieb der drei letzten AKWs ist derart groß, dass wir die lieber abschalten, als auf völlig veränderte Rahmenbedingungen zu verweisen.»

Dass wir anerkannt sichere Meiler vom Netz genommen haben, aber dennoch auf Atomstromimporte aus Frankreich angewiesen sind, ist und bleibt ein großer politischer Fehler.

Das ist doch erstaunlich: Die Ampel regiert mitunter gegen ihre eigenen Prioritäten. Da wird die Transformation zur Klimaneutralität gepredigt, der CO_2-Preis erhöht und gleichzeitig die Förderung von E-Autos über Nacht gestrichen, obwohl E-Autos ja eigentlich die gewollte Alternative zum Verbrenner sind, den man verbieten will. Finden Sie das logisch?

Das ist nur ein weiteres Beispiel dafür, wie sehr weit sich gerade die Grünen gedanklich vom Alltag der Menschen entfernt haben. In der Sache selbst gibt es ja gute Gründe dafür, E-Autos nicht immer weiter mit milliardenschweren Subventionen zu fördern. Wenn eine neue Technologie besser ist als die herkömmliche, dann wird sie sich durchsetzen. Auch ohne, dass der Staat jahrelang den Kauf von E-Autos finanziell fördert.

Aber wie Robert Habeck es getan hat, Hals über Kopf die Käufer von E-Autos, die ihren Wagen zwar schon gekauft hatten, aber noch nicht zulassen konnten, vor den Kopf zu stoßen, das hat nichts mit Respekt, sondern sehr viel mit Rücksichtslosigkeit zu tun. Offenbar kann sich der Herr Wirtschaftsminister gar nicht vorstellen, dass ein paar Tausend Euro für die allermeisten Käufer sehr, sehr viel Geld sind – mit dem sie fest gerechnet hatten.

Selbst wenn jetzt die Automobilkonzerne versuchen zu retten, was noch zu retten ist, macht das die Sache nicht besser. Was bleibt, ist die Enttäuschung jener, die sich – motiviert durch neue politische Weichenstellungen – bewusst für ein E-Auto entschieden hatten. So verliert die Politik Vertrauen. Tag für Tag.

Ich glaube, symbolisch für den grünen Lebensstil ist das Lastenfahrrad. Die mobile Gesellschaft im Rückwärtsgang. Seit Jahren beschäftige ich mich mit Umfragen, und wenn man sich das Sozio-Panel nach Parteipräferenzen ansieht, stechen die Grünen meistens heraus: Sie wollen bezahlbare Energie, sauber, grundlastfähig, ohne Kohle, ohne Atom, ohne Gas und nicht von Schurkenstaaten wie Katar. Sie wollen eine starke Wirtschaft, aber ökologisch, sozial gerecht bis in das letzte Glied der Lieferkette, sind gegen soziale Unterschiede und für Umverteilung … Ein eigenes soziales Milieu mit einem Weltbild der Marke «Wünsch dir was».

Trotz aller politisch-inhaltlichen Differenzen habe ich Respekt vor den Grünen, weil es ihnen gelungen ist, ein gesellschaftliches Biotop zu schaffen, mit dem fest verankerten Glauben, alles Grün-Wünschenswerte sei möglich, wenn man es nur beschließt – auch wenn die bittere Realität oft ganz andere Entscheidungen notwendig machen würde.

> Trotz aller politisch-inhaltlichen Differenzen habe ich Respekt vor den Grünen.

Gleichzeitig schaffen sie es, ihrer Wählerklientel den Eindruck zu vermitteln, als stünde man nur mit einem Kreuz bei den Grünen auf der richtigen Seite der Geschichte.

Grün suggeriert Weitblick, weltweite Problemlösungskompetenz, Kultursensibilität. Wer so denkt, dem sollte man mit der Realität besser nicht kommen. Da ist man bei Debatten immer zweiter Sieger.

Wir erleben zwar aktuell das Scheitern vieler grüner Ideen, aber daraus würden nie grüne Selbstzweifel erwachsen! Wer vor uns hätte denn Anfang dieser Wahlperiode gedacht, dass ein grüner Wirtschaftsminister nach Katar fliegt, um fossile Brennstoffe für unsere Energieversorgung zu organisieren? Dass stolze Pazifisten nach immer mehr und immer größeren Waffen für die Ukraine rufen? Dass sich die Grünen rühmen, im Eiltempo LNG-Terminals gebaut zu haben – an denen sich Minister Peter Altmaier vor Jahren noch die Zähne ausgebissen hat, auch wegen grünem Widerstand.

Damit wir uns richtig verstehen: All das werfe ich den Grünen nicht vor. Die Zeiten sind heute andere als in der letzten Wahlperiode. Aber sie kämen nie auf die Idee, politische Kurswechsel mit Irrtümern vergangener Jahre zu erklären. Immer liegen die anderen falsch, egal was Grün aktuell als richtig erachtet. Auch wenn Kohlekraftwerke zur Sicherung unserer Energieversorgung auf Hochtouren laufen mit der Folge, dass der CO_2-Ausstoß bei der Stromerzeugung in Deutschland weit, sehr weit über dem westeuropäischen Durchschnitt liegt, kommt Grün nie auch nur auf den Gedanken, dass der Atomausstieg vielleicht doch zum falschen Zeitpunkt durchgeboxt wurde – zum Nachteil der Umwelt.

Und wenn zu den ökologischen Problemen auch noch ökonomische kommen und der Sozialstaat immer weiter an die Grenzen seiner Leistungsfähigkeit geführt wird, ficht das die Abteilung Grün ebenfalls nicht an. Deren Wähler schon mal gar nicht, weil diese – ähnlich wie die Fanbase der FDP – ein überdurchschnittlich hohes Einkommen und meistens sehr sichere Arbeitsplätze haben. Vor zweieinhalb Jahren haben stolze 32 % (!) der Beamtinnen und Beamten zu Protokoll gegeben, sie würden die Grünen favorisieren, vor der Union und der SPD.

Was glauben Sie: Hält die Ampel-Koalition über die gesamte Distanz? Es ist ja schon ein bemerkenswerter Vorgang, wenn die FDP darüber abstimmt, ob sie überhaupt weiter regieren sollte.

Wenn knapp 48 % jener FDP-Mitglieder, die sich Ende 2023 an der Online-Umfrage beteiligt haben, für einen Ausstieg ihrer Partei aus der Berliner Koalition votiert haben, dann ist das ein in der Parteiengeschichte der Bundesrepublik einmaliger Vorgang. Offenbar ist das parteiinterne Entsetzen an der liberalen Performance in der Ampel viel größer, als von der FDP-Prominenz vermutet. Vor allem wenn man bedenkt, dass viele nur deshalb gegen den Antrag auf Ausstieg gestimmt haben dürften, weil sie befürchten, dass die FDP bei Neuwahlen nicht nur aus dem Kabinett, sondern komplett aus dem Bundestag fliegen würde! Deren Nein ist also in erster Linie taktisch motiviert und bedeutet keine Zustimmung zur liberalen Politik in der Ampelkoalition.

Die FDP befindet sich in einer veritablen Zwickmühle: Bleibt sie *in* der Koalition, wird der Unmut in den nächsten zwei Jahren vermutlich eher größer als kleiner, dann riskiert sie den parlamentarischen Rauswurf im Herbst 2025; steigt sie *aus,* schon mindestens ein Jahr früher. Die FDP hat ihr politisches Schicksal fast unauflösbar an das von Rot-Grün gekettet. Also lautet die liberale Devise: Augen zu und durch! Vielleicht geschieht ja noch ein Wunder.

Das ist auch der Grund, warum ich davon ausgehe, dass die Ampel bis zum bitteren Ende dieser Wahlperiode zusammenbleibt. Von vorgezogenen Neuwahlen würde keine der drei Parteien profitieren – ganz im Gegenteil. Nichts muss die Ampel so sehr fürchten wie das Votum der Wähler. Keine Koalition hatte in der Bevölkerung jemals eine derart geringe Zustimmung wie die derzeit amtierende.

Die FDP hat ihr politisches Schicksal fast unauflösbar an das von Rot-Grün gekettet.

Würden die Ampel-Koalitionäre selbst glauben, dass sie noch die Unterstützung der Bevölkerung für ihre Politik hätten – was würde dann gegen Neuwahlen sprechen? Kein Wort hat der Wahlkämpfer Olaf Scholz im Wahlkampf 2021 so häufig gebraucht wie «Respekt». Warum aber zeigt er dann nicht mehr Respekt vor dem, was die Bevölkerung von der Regierung erwartet?

Bezeichnend ist, dass es den stärksten Zuspruch Ende 2023 für Arbeits- und Sozialminister Hubertus Heil gegeben hat, als dieser drastische Konsequenzen für jene Bezieher von Bürgergeld angekündigt hat, die hartnäckig zumutbare Arbeit verweigern. Das war eine politische Kurskorrektur um 180 Grad, aber in der Sache völlig richtig. Eigentlich müsste es der Ampel zu denken geben, dass eine politische Wende rückwärts mehr Beifall findet als das ursprüngliche politische Projekt; aber mittlerweile hat sich die Beletage des Politikbetriebes so weit von der Stimmung in der Bevölkerung entfernt, dass das da oben niemandem mehr auffällt.

Ironischerweise empfindet es die Ampel-Regierung genau umgekehrt: Sie beklagt oft, dass ihr (vermeintlich) segensreiches Handeln von den Medien und vor allem von den Bürgern nicht gewürdigt werde. Dabei galt doch gerade Bundeswirtschaftsminister Robert Habeck von den Grünen immer als besonderes Kommunikationstalent mit seiner Nachdenklichkeit und der Fähigkeit zum Zuhören. Wie beobachten Sie das?

Manchmal habe ich den Eindruck, die Ampel nimmt die Bürger überhaupt nicht ernst. Anders lassen sich jedenfalls einige Aussagen nicht erklären. Robert Habeck gilt in der Tat als Großmeister der gepflegten Rede, die Medien hängen gerne an seinen Lippen. Selbst dann, wenn inhaltlich Fragwürdiges geboten wird.

Kurz vor Weihnachten 2023: Um das immer kritischer werdende Publikum zu verwöhnen und die Ampel zu loben, sagte er im Hinblick auf die hohen Strompreise tatsächlich wörtlich: «Wichtig war mir, eine soziale Balance zu wahren und wichtige Entlastungen abzusichern. Zum Beispiel, dass wir als Staat die EEG-Umlage zahlen und nicht die Bürgerinnen und Bürger!»

Hä? Wie bitte? Wer ist denn bitte schön «wir»? Die Familie Habeck, weil sich Robert für den Staat hält? Mit «wir» war doch vermutlich die Gemeinschaft der steuerzahlenden Bevölkerung gemeint, also jene «Bürgerinnen und Bürger», die angeblich entlastet werden. Oder?

Richtig wäre gewesen: «Zum Beispiel, dass Sie die EEG-Umlage zukünftig nicht mehr in Ihrer Eigenschaft als Stromkunde bezahlen, sondern als Steuerzahler!» Das allerdings hätte die Bürger eher irritiert als erfreut. Ich bin mir gar nicht sicher, ob sich Robert Habeck darüber im Klaren war, was er da eigentlich gesagt hatte, aber das macht die Sache nicht besser – eher schlimmer.

Wir haben das Thema Realitätsverlust schon mehrfach erwähnt. Wenn man auf die deutsche Politik blickt, glauben wir beispielsweise, dass eine liberale Drogenpolitik den Schwarzmarkt trockenlegen und die Beschaffungskriminalität reduzieren werde. Andere Länder haben das schon widerlegt. Wir machen es trotzdem. Wir möchten, dass die Polizei deeskaliert, um linke und islamistische Demonstranten nicht zu reizen, erreichen damit aber nicht weniger Ausschreitungen oder friedlichere Demonstrationen, sondern das Gegenteil. Wir verwechseln demokratischen Pluralismus mit naiver Multikultur und wundern uns über Parallelgesellschaften. Warum lernen wir nicht dazu? Warum führen wir über Jahrzehnte die gleichen Debatten?

Weil wir a) unter allen Umständen tolerant sein wollen, leider auch denen gegenüber, die keinen einzigen Gedanken daran verschwenden, uns – der Aufnahmegesellschaft – gegenüber tolerant zu sein, und b) weil es seit Jahren eine unübersehbare Diskrepanz zwischen der öffentlichen und der veröffentlichten Meinung gibt. Vor allem bei den Themen Migration und Integration.

Das zunehmende Unverständnis in der Bevölkerung für unkontrollierte, irreguläre Migration wird kompensiert durch eine mediale Berichterstattung, die immer noch – jedenfalls überwiegend – all jene politisch «rechts» verortet, die vor den Folgen einer solchen Politik warnen.

> Seit Jahren gibt es eine unübersehbare Diskrepanz zwischen der öffentlichen und der veröffentlichten Meinung.

Wir werden uns zukünftig noch öfter wundern. Ich ahne auch nichts Gutes für die neue Drogenpolitik, die unter «Entkriminalisierung» läuft, verbunden mit dem schrägen Argument, dass dadurch der Drogenkriminalität der Boden entzogen würde. Soll heißen: Wenn das, was heute nur unter Strafandrohung verkauft oder erworben werden kann, zukünftig legal erworben wird, werden immer weniger Straftaten verübt.

Na, das ist ja eine tolle Logik! Wenn wir die Leistungserschleichung, volkstümlich formuliert: das Schwarzfahren, zukünftig nicht mehr strafrechtlich verfolgen, allenfalls noch als Ordnungswidrigkeit und zivilrechtlich, dann geht die Zahl der entsprechenden Straftaten natürlich auf null zurück. Wenn ein bestimmtes Verhalten nicht mehr strafbar ist, gibt es statistisch zwangsläufig weniger Straftaten. Würde man dasselbe beim Diebstahl machen, würde sich die Kriminalität schlagartig fast halbieren. Dann heißt es in der Ampellogik zukünftig: Große Erfolge bei der Bekämpfung der Kriminalität! Immer weniger Straftaten!

Wenn die neue Drogenpolitik kommt, wird man in einigen Jahren Bilanz ziehen. Und ich ahne schon jetzt, was dann passiert. Dann wird es Gutachten geben, nach denen der Politikwechsel ein ganz großer Erfolg war, alternativlos richtig. Jedenfalls dann, wenn man vorher gut aufgepasst hat, an wen man den Auftrag zum Gutachten vergibt. Wenn man ihn dem «richtigen» Gutachter zuschustert, ist das gewünschte Ergebnis vorhersehbar.

Mögen andere Länder mit ähnlicher Politik negative Erfahrungen gemacht und ihre Politik korrigiert haben und feststellen müssen, dass die kriminelle Drogenszene keineswegs trockengelegt werden konnte – in der Ampelwelt ist der Satz «Wir haben uns geirrt, die falsche Entscheidung getroffen» unvorstellbar. Wenn die Realität eine andere ist als gewünscht oder prognostiziert, dann ist nach Ampellogik die Realität das Problem, nicht deren Politik.

Dazu passt wunderschön ein Zitat von Robert Habeck bei Anne Will: «Wir sind umzingelt von Wirklichkeit!» Was für ein Satz! Was für eine Offenbarung!

> Wenn die Realität eine andere ist als gewünscht oder prognostiziert, dann ist nach Ampellogik die Realität das Problem, nicht deren Politik.

Um Himmels willen, wovon denn sonst? Von der Unwirklichkeit? Von Adenauer bis Merkel waren immer alle Parteien und Koalitionen «von der Wirklichkeit umzingelt»!

Und dennoch hat das Habeck-Zitat eine interessante Pointe. Ungewollt hat er damit nämlich auch gesagt: «Wir hatten doch gehofft, Politik jenseits der Wirklichkeit, der bitteren Realität machen zu können! Oder dass sich die Wirklichkeit nach uns, den Grünen, richtet! Doch nicht, dass wir uns an ihr orientieren müssen!»

Im Grunde handelt es sich um das Eingeständnis eines Vize-Kanzlers (!), dass seine Partei angetreten war, um Politik jenseits der Wirklichkeit zu machen. Ein sicherlich polittheoretisch interessanter, allerdings zum Scheitern verurteilter Ansatz.

In der Energiepolitik sollte der Versuch unterbleiben, gegen die Physik Politik zu machen, in der Finanzpolitik bitte nicht gegen die Mathematik und ganz generell nicht gegen Realitäten.

Ein anderes Beispiel ist die innere Sicherheit, wo wir uns auch regelmäßig darüber beschweren, dass irgendwelche Anschläge nicht vorhergesehen worden sind, während wir in den letzten Jahren systematisch unsere Geheimdienste geschwächt haben. Als vor einiger Zeit Verteidigungsminister Pistorius von «Kriegstüchtigkeit» der Bundeswehr sprach, gab es eine riesengroße Aufregung und man fragt sich, welche Vorstellung eigentlich vorherrscht, wozu eine Armee da ist. Man hat manchmal den Eindruck, die Deutschen leben in einer Welt, die nicht so wirklich mit der realen Welt da draußen kompatibel ist. Teilen Sie den Befund?

Den Begriff der «Kriegstüchtigkeit» hätte ich an seiner Stelle nicht verwendet, weil er zwar ganz anders gemeint war, aber von Böswilligen mit «kriegslüstern» bewusst missinterpretiert werden kann. Und so war es dann ja auch.

Richtig ist: Wenn ich der Bundeswehr die Aufgaben übertrage, die territoriale Integrität des Landes zu schützen, Verpflichtungen im NATO-Bündnis zu erfüllen und – sofern notwendig – sich an internationalen Friedensmissionen zu beteiligen, dann muss ich sie personell und technisch so ausstatten, dass sie diese Aufgaben auch optimal wahrnehmen kann. «Kriegstüchtig» mag für einige so klingen, als verfolge Pistorius das Ziel, die Bundeswehr auf einen Angriffskrieg vorzubereiten, aber sie war immer und wird immer eine Verteidigungsstreitmacht bleiben.

Neu ist allenfalls, dass Investitionen in die Bundeswehr nicht mehr als «Militarisierung der Außenpolitik» gegeißelt, sondern als notwendig anerkannt werden. Ein schwerer, aber notwendiger Lernprozess für Rot-Grün.

Die Frage ist, wie viel Rücksicht man auf die böswilligen und bewussten Missversteher nehmen und sich ihretwegen verbiegen sollte. Die Bundeswehr beteiligt sich ja auch an internationalen Manövern, bei denen geschossen, gebombt und ein imaginärer Feind angegriffen wird, deshalb wundert es mich schon ein wenig, wenn Leute glauben, die Bundeswehr sei gegründet worden, um bei Überflutungen Sandsäcke zu schleppen …

… oder für den Großen Zapfenstreich zum Abschied herausragender Politiker. Es ist doch ein gewaltiger Unterschied, ob ich eine Armee ertüchtigen möchte, um fremde Gebiete zu erobern, Grenzen mit militärischen Mitteln zu verschieben, so wie Putin es in der Ukraine versucht, oder um das eigene Land gegen Angriffe zu verteidigen. Minister Pistorius das Erstere zu unterstellen, ist komplett abwegig. Aber hier dürfte er mehr Erklärungsbedarf in den eigenen Reihen haben als gegenüber der Opposition.

Das Thema Realitätsverlust setzt sich in meinen Augen auch in einer Außenpolitik fort, die ein sehr romantisches Bild von Weltgemeinschaft hat. Wenn etwa die Außenministerin mit großer Geste ihre Rede vor den Vereinten Nationen hält, der Saal in New York gähnend leer ist, man sich klarmacht, dass zwei Drittel der dort vertretenen Regierungschefs Autokraten sind und die UN am Ende überhaupt keine Macht hat, dann ist das in meinen Augen ein klarer Fall von Wunsch vs. Wirklichkeit. So schön es wäre, wenn wir eine freundliche und friedliche Weltgemeinschaft wären, aber wenn der Iran den Vorsitz in der Menschenrechtskommission übernimmt, dann ist es ja einigermaßen absurd. Warum stellen sich die Deutschen der Realität nicht?

Wie erwähnt, besteht das eigentliche Problem der Grünen nicht darin, dass sie sich für die besseren «Politiker:innen» halten, sondern vor allem für die besseren Menschen. Deshalb ist es für sie geradezu eine Provokation, wenn man ihre Meinung nicht teilt oder gar andere politische Ziele verfolgt.

Diese Haltung kann man innenpolitisch seit Jahrzehnten beobachten, seit dem Start der Ampel im Herbst 2021 nun auch außenpolitisch. Seitdem versucht Annalena Baerbock der Welt zu erklären, wie Außenpolitik zu funktionieren hat. Ex-cathedra-Verlautbarungen, die mit der Realität nicht kompatibel sind, verfehlen ihre Wirkung und machen Deutschland in der Weltgemeinschaft nicht beliebter.

Wenn Olaf Scholz oder Annalena Baerbock nicht vor der UN-Vollversammlung, sondern vor einer UN-Leerversammlung sprechen, dann zeigt das den Stellenwert deutscher Außenpolitik in der Welt. Auch bei Angela Merkel war der Saal nicht immer voll, aber ihr Wort war international von Gewicht. Ich bin froh, dass Hans-Dietrich Genscher das Treiben der aktuellen Außenministerin nicht mehr miterleben muss. Er würde vermutlich verzweifeln.

Ich unterstelle Frau Baerbock sogar, dass sie stets mit guten Absichten agiert, aber sie muss doch spüren, dass es uns nicht gut zu Gesicht steht, in der Welt herumzureisen, um andere Staaten über «feministische Außenpolitik» und neuerdings auch noch über «Klimaaußenpolitik» zu belehren.

> Wenn Olaf Scholz oder Annalena Baerbock nicht vor der UN-Vollversammlung, sondern vor einer UN-Leerversammlung sprechen, dann zeigt das den Stellenwert deutscher Außenpolitik in der Welt.

Man sollte unterscheiden zwischen dem, was zwischen Staats- und Regierungschefs hinter verschlossenen Türen gesprochen wird – da kann ruhig Tacheles geredet werden –, und öffentlichen Verlautbarungen. Es ist kein Erfolgsrezept, Länder oder deren Machthaber von anderen Staaten aus öffentlich zu kritisieren. Wer möchte schon sein Gesicht verlieren? Mir geht es nicht um Leisetreterei, wenn irgendwo fürchterliches Unrecht geschieht oder gar die Menschenrechte missachtet werden. Mir geht es um die Beantwortung der Frage: Welcher Weg ist der erfolgversprechendste, um genau dies zu verhindern?

Eine realistische Außenpolitik ist erfolgversprechender als eine feministische, was immer man darunter zu verstehen hat.

Und wenn mal eine klare Haltung gefragt ist, wenn man zu seinen Prinzipien ohne Wenn und Aber stehen müsste, dann kommt eine lauwarme Enthaltung!

Gemeint ist hier das bereits erwähnte deutsche Abstimmungsverhalten bei der UN-Resolution nach dem 7. Oktober 2023, nach dem Massaker der Hamas-Terroristen an israelischen Zivilisten mit über 1200 Ermordeten, über 200 Verschleppten Geiseln, darunter Frauen, Greise, Babys. Während sich der Bundeskanzler richtigerweise und ohne relativierende Zwischentöne fest an die Seite Israels gestellt hat, hat sich Deutschland in den UN enthalten. Und das bei einer Abstimmung über eine Resolution, in der das barbarische Treiben der Hamas noch nicht einmal klipp und klar verurteilt wurde. Als Begründung für dieses Abstimmungsverhalten wurde nachgeschoben, Deutschland müsse auch zukünftig für beide Seiten als Gesprächs- und Verhandlungspartner akzeptabel sein.

Eine derartige Argumentation macht mich fassungslos. Wieso bleibt Deutschland ein für beide Seiten akzeptabler Verhandlungspartner, wenn die Vertreter Israels aus Protest den Saal verlassen, weil sie aus völlig verständlichen Gründen auf ein klares Veto gehofft haben? Nicht nur, aber gerade aus Deutschland! Was nützt die Scholz'sche Rhetorik, wenn das deutsche Abstimmungsverhalten ein anderes ist? Ein Land, das erkennbar Angst hat, es sich mit Staaten zu verderben, die mit dem Hamas-Terror sympathisieren, disqualifiziert sich als Vermittler zwischen den Fronten.

Übernimmt sich Deutschland nicht ohnehin bei dem Versuch, ein Unterhändler im Nahen Osten zu sein? Das ist schon deshalb schwierig, weil Deutschland kaum Druckmittel einsetzen kann und will, schon gar keine militärischen. Hinzu kommt, dass Deutschland in Teilen der arabischen Welt deshalb ein so gutes Image hat, weil die Israelfeinde mit unserer Vergangenheit sympathisieren. Keine gute Grundlage für eine Vermittlertätigkeit. Und die Europäische Union wird so lange nicht als politisches Schwergewicht wahrgenommen, wie sie außenpolitisch nicht mit einer Zunge spricht. Europa ist in der Israel-Frage tief gespalten und wird in der Folge nicht als relevante Kraft gesehen.

Leider ist das so. Des ungeachtet muss Deutschland seinen Einfluss geltend machen, auch und nicht zuletzt, wenn es um das Leben deutscher Geiseln geht. Das muss für jede Bundesregierung höchste Priorität haben. Aber dass Deutschland eine relevante politische Kraft im Nahen Osten ist, vergleichbar mit den USA, das wird die Bundesregierung selbst nicht glauben.

Gewalt, Hetze, Ausschreitungen

Wo bleibt in Deutschland die innere Sicherheit?

Kommen wir auf die antiisraelischen Proteste zu sprechen. Das war in meiner Wahrnehmung zumindest das militanteste und vor allem in der Mobilisierung das flächenmäßig am weitesten ausgreifende Phänomen der letzten Zeit. Rabiate Ausschreitungen und Demonstrationen nicht nur in verschiedenen deutschen Städten, sondern nahezu weltweit – von Rio de Janeiro bis zu den Philippinen, von London, Paris, Skandinavien bis nach Afrika – lassen sich diese antiisraelischen Proteste dokumentieren, die eigentlich an Mobilisierung alles in den Schatten stellen, was es sonst an Weltereignissen gibt. Vom Fußball bis zu Klimaprotesten oder Ähnlichem. Wie erklären Sie sich das? Und vor allem: Lässt sich das noch irgendwie beherrschen?

Der Staat bemüht sich nach Kräften, im Rahmen der Rechtsordnung mit ordnungs- und strafrechtlichen Mitteln Ausschreitungen zu verhindern, Straftaten zu unterbinden oder, falls geschehen, zu verfolgen. Allerdings gibt es immer noch erkennbare Schutz- und Strafbarkeitslücken. Keine Ahnung, wieso Rot-Grün schon vor Jahren auf die schräge Idee gekommen ist, ausgerechnet die Sympathiewerbung für terroristische Organisationen straf*frei* zu stellen. Das erschwert heute die Strafverfolgung für öffentlichen Jubel zur Unterstützung des Terrors von Hamas und Hisbollah. Und die Neufassung des Strafrechtsparagrafen zum Landfriedensbruch erschwert die strafrechtliche Verfolgung von Straf- und Gewalttaten im Zusammenhang mit Angriffen aus einer Menschenmenge heraus. Das gilt auch dann, wenn zunächst friedliche Demonstrationen aus dem Ruder laufen.

Die Politik proklamiert in diesen Fällen zwar routinemäßig eine «konsequente, rückhaltlose Strafverfolgung» und kündigt die «ganze Härte des Gesetzes» an, aber das ist mehr Rhetorik, die beruhigen soll. Nach den Ausschreitungen in der berühmten Kölner Silvesternacht 2015/2016 hat es gerade mal eine Handvoll Verurteilungen gegeben – bei über 1000 Strafanzeigen, darunter 454 Sexualdelikte.

Ich bin gespannt, wie die strafrechtliche Bilanz der Krawalle in der Berliner Silvesternacht 2022/2023 ausfallen wird. Vermutlich ebenso traurig. Die Diskrepanz zwischen politischer Rhetorik und praktischen Konsequenzen ist jedenfalls unübersehbar. Die meisten Übeltäter werden vermutlich aus Erfahrung sehr genau wissen, dass ihr Entdeckungs- und Aburteilungsrisiko de lege lata gegen null geht.

Und genau das ist das Spannende, dass jetzt viele alarmiert sind wegen dieser Ausschreitungen, obwohl es seit Jahrzehnten jedes Jahr zum Beispiel Al-Quds-Märsche in Berlin gab, wo von islamistischen Terrororganisationen verfassungsfeindliche Symbole gezeigt wurden. Doch aus Gründen der «Deeskalation» hat man denen nicht einmal die Fahnen weg-

genommen! Da muss man sich ja nicht wundern, wenn bei den Randalierern die Botschaft ankommt: Ich kann das machen und die Deutschen nehmen das hin.

Ganz richtig: Wenn in Deutschland bei Ausschreitungen aus einer Menge heraus Sicherheitskräfte nicht einschreiten, wird das oft mit Hinweis auf eine Deeskalationsstrategie begründet. Man schreitet nicht konsequent ein, weil man befürchtet, dass dann alles nur noch schlimmer wird. Also: Nicht mit Gewalt auf Gewalt reagieren, sonst kommt es zu einer Eskalation.

Das wissen viele Randalierer ganz genau. Deshalb verhalten sie sich ja auch so, wie sie sich verhalten. Sie führen den Rechtsstaat vor, lassen ihn hilflos aussehen. Wer aus autoritären oder gar totalitären Systemen gekommen ist, z. B. aus Staaten im arabischen Raum, hat die Polizei dort ganz anders erlebt. Deshalb werden unsere Ordnungshüter als zu zögerlich, als schwach empfunden. Aus Sicht der Randalierer handelt es sich bei Passivität nicht um Deeskalation, sondern um eine Art Kapitulation.

Thilo Sarrazin hat in einem Beitrag der Schweizer «Weltwoche» gefordert, man möge die Einwanderung aus der islamischen Welt sofort stoppen, solange dort Antisemitismus ein akutes Problem ist. Was halten Sie davon?

Davon halte ich Abstand. Ich kann doch nicht alle über einen Kamm scheren! Nicht jeder, der aus einem vom Islam geprägten Land stammt, ist automatisch ein Antisemit. Viele bringen in der Tat diese Prägung mit, aber eben nicht

> Nicht jeder, der aus einem vom Islam geprägten Land stammt, ist automatisch ein Antisemit.

alle. Dann müsste Thilo Sarrazin auch die Türkei gemeint haben, wo weit über 90% islamischen Glaubens sind. In Deutschland leben viele Millionen Menschen, die aus der Türkei eingewandert sind, und deren Kinder und Kindeskinder. Ein Großteil hat mittlerweile die deutsche Staatsangehörigkeit erworben. Die kann ich doch nicht pauschal zu Antisemiten erklären.

Aber ist es nicht so, dass aus dem islamischen Milieu ein sehr viel höherer Prozentsatz an antisemitischen Gesinnungen hervorgeht? Auch die Türkei hat den Kampf der Hamas gerechtfertigt, Israel einen «Kriegsverbrecher» genannt. Es ist ja wenig wahrscheinlich, dass solche Äußerungen von Präsident Erdoğan ihre Wirkung auf Türken in Deutschland und Deutsche mit türkischen Wurzeln verfehlt …

Ja, was der türkische Staatspräsident Erdoğan zu diesem Thema und den Ereignissen am und nach dem 7. Oktober 2023 gesagt hat, ist erschreckend, völlig indiskutabel. Und wir sollten nicht glauben, dass wir hartnäckigen, anerzogenen Antisemitismus mit Sprach- und Integrationskursen eliminieren können. Das kann nicht funktionieren, wenn über viele Jahrzehnte hinweg von Generation zu Generation antisemitische Stereotype verbreitet worden sind. In weiten Teilen der arabischen Welt gehört es ja zum guten Ton, sogar das Existenzrecht Israels zu bestreiten. Davor können und dürfen wir nicht die Augen verschließen. Dennoch wäre es zu schlicht, bei ausnahmslos allen, die aus diesen Regionen kommen, ohne konkrete Anhaltspunkte zu unterstellen, dass sie mit diesem Ballast im Gepäck hier einreisen wollen.

Da Gesinnungsprüfungen an der Grenze ja schwer möglich sind, müssen wir dann damit leben, dass unter muslimischen Einwanderern ein erhöhter Prozentsatz an Antisemiten ins Land kommt. Sie sind da ein wenig ausgewichen und haben beschrieben, was nicht *funktioniert. Sie sagen also: Mit einem bestimmten Anteil an Antisemiten und Islamisten in der Zuwanderung müssen wir leben? Habe ich das richtig verstanden? Auch wenn dieser Anteil aus bestimmten Teilen der Welt signifikant höher ist?*

Ja, wir müssen leider davon ausgehen, dass der Anteil von Antisemiten bei Zuwanderung aus dem arabischen Raum höher ist als bei Migration aus afrikanischen Staaten oder Osteuropa. Und auch höher als im Durchschnitt der bundesdeutschen Bevölkerung. Dennoch ist an der Grenze in der Tat keine Gesinnungsprüfung möglich und man wird auch nicht zu 100 % überprüfen können, was sich in den Köpfen von Menschen abspielt. Aber im Zuge von Anerkennungsverfahren, in persönlichen Gesprächen oder aus der Auswertung dessen, was der Antragsteller früher so alles gepostet hat und aktuell von sich gibt, kann man schon solide Rückschlüsse ziehen. Wer mit einem Schild «From the river to the sea» durch die Gegend läuft, kann nicht ernsthaft erwarten, dass man ihm abnimmt, kein Antisemit zu sein.

Sollte man eine Art Antisemitismustest mit Migranten durchführen? Zum Beispiel jeden das Existenzrecht Israels unterschreiben lassen? Es gab auch schon den originellen Vorschlag, jeder müsste sich bei der Einreise vor einer Israelflagge fotografieren lassen …

Bei nachgewiesener politischer Verfolgung i. S. d. Artikel 16 a GG kann das Anerkenntnis nicht vom vorherigen Fotografieren mit der israelischen Flagge abhängig gemacht werden. Das gilt auch für den Schutz nach der Genfer Flüchtlingskonvention, kurz: GFK. Deren Anwendung ist übrigens viel praxisrelevanter als Artikel 16 a GG.

Aber selbst wenn es so wäre, stünden wir nicht auf der sicheren Seite. Um ein Aufenthaltsrecht zu bekommen, würden sich vermutlich 99 % der Antragsteller vor so gut wie jeder Flagge ablichten lassen. Aber was wäre danach?

Besonders schwierig wäre es, einen rechtlichen Status, der auf einem begünstigenden Verwaltungsakt beruht, wieder zu kassieren. Beispielsweise eine Aufenthaltserlaubnis. Angenommen, nach deren Gewährung hätte sich ein Migrant antisemitisch geäußert oder an einer anti-israelischen Demonstration teilgenommen, dann müsste zunächst Fall für Fall geklärt werden: Richtete sich dieser Protest gegen bestimmte Entscheidungen oder Handlungen in Israel oder ist es Antisemitismus pur? Anders gefragt: Ist eine bestimmte israelkritische Haltung unter den Begriff Antisemitismus zu subsumieren – oder legitimer Protest, der unter Artikel 5 GG fällt? Kritik an der Siedlungspolitik im Westjordanland oder der Justizreform gibt es ja auch in Israel selbst, ohne dass deshalb der Vorwurf Antisemitismus erhoben wird. Eine Beweisaufnahme mit diesen Inhalten wäre mehr als nur interessant.

Ganz anders ist die Lage natürlich dann, wenn jemand die monströsen Verbrechen der Hamas an der israelischen Zivilbevölkerung bejubelt, wenn Morde, Vergewaltigungen, Entführungen beklatscht werden.

Die Forderung «Kein Hass und keine Hetze» ist ebenso schlicht wie selbstverständlich; aber wo genau beginnt Hetze und wo der Hass? Da es immer rechtsstaatlich zugehen muss, brauchten wir zunächst gerichtsfeste Definitionen beider Begriffe.

Noch komplizierter wäre es beim Versuch, die deutsche Staatsangehörigkeit wegen derartiger Vorkommnisse zu entziehen, zumal unser Staatsangehörigkeitsrecht zwar Verlusttatbestände kennt, grundsätzlich aber keinen Entzug. Selbst wenn das möglich wäre: In die Staatenlosigkeit soll grundsätzlich niemand entlassen werden, und Staatenlose abzuschieben, ist fast immer ein Ding der Unmöglichkeit. Es gibt kein Land «Staatenlos», in das abgeschoben werden könnte.

Vieles, was im Moment als notwendige Maßnahme auf dem politischen Markt angepriesen wird, lässt sich in der Praxis kaum umsetzen.

> Die Forderung «Kein Hass und keine Hetze» ist ebenso schlicht wie selbstverständlich; aber wo genau beginnt Hetze und wo der Hass?

Ich bin gar nicht sicher, dass ich den Spruch gegen «Hass und Hetze» unterschreiben würde. Ich habe mich in meinem

Buch «Generation Gleichschritt» damit beschäftigt: Hass ist eine starke Emotion, die für sich genommen nicht strafbar ist. Der Satz: «Ich hasse dich», ist nicht strafbar. Erst wenn daraus klare Straftaten wie Beleidigung oder tätliche Übergriffe erwachsen, wird es kriminell. «Hass und Hetze» sind juristische Schaumbegriffe, die in der öffentlichen Debatte oft zum Einschüchtern verwendet werden. Oder sehen Sie das anders?

Genau so ist es. Gerade deshalb halte ich es ja auch für nicht unproblematisch, wenn staatlicherseits Stellen eingerichtet werden, bei denen *unterhalb* der Schwelle zur Strafbarkeit Leute gemeldet werden können, denen man Hass und Hetze vorwirft. Beispiel Nordrhein-Westfalen: Die Meldestellen sollen ins Visier nehmen: 1. Queer-Feindlichkeit, 2. antimuslimischen Rassismus, 3. Antiziganismus, 4. antischwarzen, antiasiatischen und weitere Formen von Rassismus. Antisemitismus wurde in der Presseerklärung des Landes vom 1.7.2022 nicht erwähnt.

Die Frage bleibt, was noch unter das Recht auf freie Meinungsäußerung fällt und wann die Grenze zu Hass und Hetze überschritten ist.

Hass und Gewalt äußern sich in unterschiedlichsten Formen. Wenn Sie so etwas sehen wie Ende Januar 2023 die Messerattacken in Brokstedt bei Hamburg – haben Sie den Eindruck, dass das ein wachsendes Phänomen ist?

Das ist schon seit geraumer Zeit ein wachsendes Phänomen, übrigens nicht nur in Zügen. Aber da ist es besonders dramatisch, weil die Opfer es viel schwerer haben auszuweichen, anders als im öffentlichen Raum. Deswegen gibt es Waffenverbotszonen, die sich ausdrücklich auch auf Messer mit einer bestimmten Klingenlänge beziehen.

Mittlerweile wissen wir von der Bundespolizei, dass die Zahl der Messerangriffe zugenommen hat. Das ist im Übrigen eine sehr gefährliche Waffe: Sie ist lautlos, muss nicht nachgeladen werden, kann immer wieder benutzt werden, auch mit tödlichen Folgen. Viele meinen, Schusswaffen seien viel gefährlicher als Messer. Das ist insofern richtig, als man eine weitere Entfernung haben kann als beim Messer, wo der Täter nah ans Opfer herangehen muss. Aber Messer sind besonders heimtückisch.

Ich frage mich sowieso: Wieso braucht jemand ein Messer, wenn er Bahn fährt? Aber ein Verbot macht natürlich nur dann Sinn, wenn ich es auch durchsetzen kann, wenn ich Verstöße auch feststellen, also kontrollieren und ahnden kann. Hier liegt die große praktische Schwierigkeit.

Mangelt es am politischen Willen?

Nein, das hat mit der Praxis zu tun.

Herbert Reul hat beispielsweise Messerverbotszonen eingeführt und führt dort regelmäßig Razzien durch. Bundesweit ist das allerdings sehr unterschiedlich.

Ich glaube, in Hamburg hat es das schon gegeben. Das ist immer eine Frage der Kontrolldichte. Man muss wissen, dass die Deutsche Bahn pro Woche mehr Passagiere transportiert als die Lufthansa pro Jahr. Deswegen können Sie an unseren Bahnsteigen bzw. Bahnhöfen nicht so dichte Personenkontrollen machen wie zum Beispiel an Flughäfen bei den Kontrollstellen.

Woran liegt es, dass es in den letzten zehn Jahren immer häufiger zu Messerattacken gekommen ist? Ist die Klientel, die Messer führt (um es technisch zu sagen), einfach gewachsen?

Gewalt ist erst einmal weit überwiegend männlich und jung. Dazu kommt jetzt eine Bewaffnung. Was früher mit Fäusten ausgetragen wurde, wird heute sehr oft mit Waffen ausgetragen. Das ist eine sehr bedenkliche Entwicklung. Deswegen muss man sich auch fragen, woher die Affinität zu Gewalt und die Wut kommen.

Zwei Dinge sind in den letzten Jahren immer routinemäßig vorgekommen: Entweder wurde gesagt: Den kennen wir, der ist psychisch krank; da darf man den Vorhang gar nicht mehr weiter aufziehen, weil das eine andere Kategorie ist als der Straftäter, der mit vollem Bewusstsein vorsätzlich handelt. Es ist also eigentlich kein Fall für die Strafjustiz, sondern für die Psychiatrie.

> Was früher mit Fäusten ausgetragen wurde, wird heute sehr oft mit Waffen ausgetragen. Das ist eine sehr bedenkliche Entwicklung.

Der andere Klassiker ist: Hätten wir uns gar nicht vorstellen können, ganz brav, ganz unauffällig; keine Ahnung, wie diese Gewalt plötzlich explodieren konnte.

Ein ähnliches häufiges Phänomen ist allerdings auch, dass Straftäter – wie im Fall von Illerkirchberg – schon vorher mehrfach aufgefallen und trotzdem nicht festgesetzt worden sind. Liegt es an mangelnden Abschiebegefängnissen? Häufig ist ja ein Migrationshintergrund im Spiel. Woran liegt es? Was kann man tun?

Die Voraussetzungen für die Abschiebehaft sind sehr, sehr streng. Wir haben die Möglichkeit, jemanden festzusetzen, wenn er abgeschoben werden kann – aber auch dann nur für einen begrenzten Zeitraum. Es ist jedoch keine Festsetzung bzw. Inhaftierung möglich, wenn keine Abschiebung bevorsteht. Ansonsten gibt es die Optionen: Unterbindungsgewahrsam, U-Haft oder Strafhaft.

Wenn man jetzt alle Fälle einmal durchgeht – und das gilt auch für den dramatischen Fall in Brockstedt: Mir kann keiner erzählen, dass es bei der geltenden Rechtslage nicht möglich war, den Täter in Haft zu nehmen oder dort zu halten. Deswegen haben wir jetzt die Debatten in den betroffenen Bundesländern. Der Täter ist ja mehrfach auffällig geworden.

Sie sind nach wie vor einer der profiliertesten Innenpolitiker der Bundesrepublik, auch der Union. (Offensichtlich sind da nicht so viele nachgewachsen.) Mit welchen Gefühlen verfolgen Sie das Agieren der Ampel auf dem Gebiet der Inneren Sicherheit?

Wenn ich sagen würde: mit gemischten Gefühlen, dann wäre das gelogen und beschönigt. Ein Beispiel: Seit ihrem Start streitet die Ampel über die Mindestspeicherfristen in der elektronischen Kommunikation, auch Vorratsdatenspeicherung (VDSP) genannt. Ein wichtiges Thema der Inneren Sicherheit!

Während die Innenministerin Nancy Faeser vor allem für den Kampf gegen sexualisierte Gewalt an Kindern richtigerweise für eine begrenzte Zeit IP-Adressen gespeichert wissen möchte (um rückwirkend feststellen zu können, wer auf die einschlägigen Seiten zugegriffen hat), lehnen FDP und Grüne dies vehement ab.

Bevor man in den Infight ging, herrschte bis zu einer Entscheidung des EuGH über diese Materie so eine Art Burgfrieden. Nach der Entscheidung ging der Streit aber munter weiter. Und zwar deshalb, weil die FDP die Möglichkeiten, die der EuGH zur Datennutzung eröffnet hatte, ausdrücklich *nicht* nutzen wollte – und auch heute noch nicht nutzen möchte.

Anders, nach wie vor, die Innenministerin, die ebenso hartnäckig wie vergeblich auf der Ansicht beharrt, bei der Bekämpfung der Kinderpornografie müsste eine Güterabwägung zugunsten der geschändeten Kinder ausfallen, nicht zugunsten des Datenschutzes.

Die FDP kann das natürlich nicht auf sich sitzen lassen und kontert mit ihrem Ladenhüter «Quick Freeze», der eine retrograde, d. h. rückwirkende Zuordnung von IP-Adressen gerade *nicht* ermöglicht. Nur für die Zukunft, bei konkretem Tatverdacht.

Mit Platzpatronen, also Scheinlösungen, lässt sich aber der Kampf gegen schwere Kriminalität nicht gewinnen. Das macht der Fall NSU exemplarisch deutlich. Aufgeflogen ist das mörderische, rechtsextremistische Trio Anfang

November 2011. Ihm werden zugeordnet die Ermordung von neun Migranten und einer Polizistin, dreiundvierzig Mordversuche, drei Sprengstoffanschläge und fünfzehn Raubüberfälle. Die drei Täter lebten wohl seit 1998 unerkannt in Zwickau und Chemnitz. Das Unterstützerumfeld wurde zeitweise auf bis zu 200 Personen geschätzt. Von Anfang an hatten die zuständigen Strafverfolgungsbehörden die Aufgabe und das Ziel, so weit wie möglich den gesamten Hintergrund dieser beispiellosen Verbrechensserie aufzuklären. Dafür wäre eine rückwirkende Auswertung der bisherigen elektronischen Kommunikation des Trios von überragender Bedeutung gewesen.

BKA-Chef war damals Jörg Ziercke. Mehrfach berichtete er im Innenausschuss des Bundestages über die Bemühungen, von den Providern die erbetenen Auskünfte zu erhalten. Nur wenige Auskunftsersuche waren erfolgreich, die meisten nicht. Die Daten waren schlicht gelöscht, nicht mehr rekonstruierbar. Man stelle sich nur einen Moment vor, damals wäre das Modell «Quick Freeze» zur Anwendung gekommen. Drei Tatverdächtige hatte man ja. Allerdings waren zwei von ihnen tot. Wie hätten sie dann noch kommunizieren können? Nr. 3, Beate Zschäpe, war – und ist heute – in Haft. Erst U-Haft, dann Strafhaft. Was hätte denn Quick Freeze da an Erkenntnissen liefern können? Nichts, überhaupt nichts. Und ich bin mir sicher, der Bundesjustizminister und seine Partei wissen das ganz genau.

Es ist ja eine Binsenweisheit: Parteien müssen zur Begründung einer Koalition Kompromisse machen. Ohne wird es nicht gehen. Aber bitte keine zulasten der Inneren Sicherheit!

Lassen Sie uns über das gesellschaftliche Klima im Land sprechen: Die Bauernproteste Anfang 2024 haben sich schnell zu einer Art Volksaufstand ausgeweitet, an dem sich nicht nur Spediteure, Gastwirte und Handwerker beteiligt haben, sondern auch die Bevölkerung applaudierend an vielen Straßen stand. Wie haben Sie das erlebt?

Die Bauernproteste waren ein unschönes Beispiel dafür, wie die Politik gerade *nicht* mit den Menschen umgehen sollte. Möglicherweise hat die Ampel die Auswirkungen ihrer Beschlüsse zu den Themen Kfz-Steuer und Agrardiesel-Besteuerung für landwirtschaftliche Betriebe einfach unterschätzt – das wäre schlimm – oder sie ist davon ausgegangen, dass sich die Bauern zwar aufregen, sich aber auch bald wieder abregen würden. Das wäre auch nicht viel besser.

> Die Bauernproteste waren ein unschönes Beispiel dafür, wie die Politik gerade *nicht* mit den Menschen umgehen sollte.

Fakt ist, dass die Regierung von der Wucht der Proteste schlicht überrascht wurde, entsprechend hilflos waren die Reaktionen. Zunächst erweckte die Ampel durch die Verwendung des Wortes «Privilegien» den Eindruck, als würden die Landwirte seit Jahrzehnten gegenüber den übrigen Verkehrsteilnehmern grundlos steuerlich bevorzugt. Als seien die aktuellen Regelungen sachlich nicht gerechtfertigt. Landwirtschaftliche Fahrzeuge wie Traktoren, Mähdrescher und Co. fahren jedoch zu weit über 90% auf

Äckern und Feldern, nicht auf öffentlichen Straßen. Warum also sollten sie Steuern, die zum Bau, Ausbau und zur Reparatur öffentlicher Straßen dienen, in gleicher Höhe zahlen wie die anderen Verkehrsteilnehmer, die jene Straßen zu 100% frequentieren?

Nachdem sich das schnell herumgesprochen hatte, begann der Versuch, der Öffentlichkeit einzureden, die Bauernproteste seien unterwandert – natürlich von rechts. Woher auch sonst? Die Landwirte ließen sich von Rechtsextremisten instrumentalisieren und schon deshalb seien deren Proteste unanständig.

In den Protestzügen und auf den Protestversammlungen selbst konnte man Derartiges allerdings nicht feststellen. Also blieb Bundesminister Christian Lindner während seiner Rede vor dem Brandenburger Tor nichts anderes übrig, als die Bauern dafür zu loben (!), dass sie sich *nicht* hätten vereinnahmen lassen.

Die Bauern in die rechte Ecke zu drängen, war insofern besonders perfide, als sie bei der letzten Bundestagswahl weit unterdurchschnittlich die AfD gewählt haben – nur zu 8%. Arbeiter, die klassische Klientel der SPD, dagegen zu 16%.

Zeitgleich wurde von «Experten» in den sozialen Medien verbreitet, dass sich Landwirte, die mit Fahrzeugen mit grünem Kennzeichen an diesen Demos teilnähmen, der Steuerhinterziehung schuldig machen würden. Das wurde von Freunden der Ampel gierig aufgesogen und tausendfach geteilt. Fake news at its best!

Rechtlich ist längst geklärt, dass dann kein Fall von Steuerhinterziehung vorliegt, wenn die Demos einen Kontakt zu energie- oder landwirtschaftlichen Themen haben, was hier ganz zweifellos der Fall war. Die zuständige Behörde – der Zoll – hatte die Rechtslage sogar auf X (vormals Twitter) ausdrücklich bestätigt, was aber nur in Einzelfällen zur Einsicht führte, dass man einer Falschmeldung auf den Leim gegangen war.

Bei all diesen schrägen Bemühungen ging es im Kern darum, die Proteste zu de-legitimieren. Kritik an der Politik der Ampel wurde auf diese Weise zur Kritik an der Demokratie uminterpretiert. Getreu dem Motto: «Wir sind die Demokratie! Wer uns kritisiert, lehnt sich gegen die Demokratie auf!»

So gewinnt man kein Verständnis für seine politische Agenda, so gewinnt man nicht die Zustimmung von Menschen, auf deren Vertrauen man angewiesen ist. So stößt man sie vor den Kopf.

Anfang 2024 gab es auch große Demonstrationen gegen Rechtsextremismus. Was hat das bei Ihnen ausgelöst?

Über die vielen und beeindruckend großen Demonstrationen nach dem ominösen Treffen im «Landhaus Adlon» am Lehnitzsee bei Potsdam habe ich mich wirklich gefreut. Die AfD lebt ganz gut davon, seit Jahren das Märchen zu verbreiten, dass auf der einen Seite die sogenannten Altparteien stehen – weit abgehoben von der Bevölkerung und deren ganz alltäglichen Sorgen – und auf der anderen Seite sie, die AfD, als Vertreterin der schweigenden Mehrheit. Das war schon immer Stuss, aber im Januar 2024 wurde deutlich: Die große Mehrheit der Bevölkerung denkt völlig anders als die AfD und lehnt vor allem deren Politik kategorisch ab.

Wenn man sich die Demonstranten etwas näher angesehen hat, dann erkannte man aber auch Antifa-Leute, Islamisten, Israel-Hasser und Linksradikale, die die Union in einem Atemzug mit Rechtsextremisten nannten und ganz offensichtlich alles Bürgerliche und Konservative mit erledigen wollten. Bei den Bauern hieß es noch, die Demonstrationen seien gekapert worden; bei diesen Aufmärschen sah man großzügig über die Radikalen hinweg …

Leider völlig richtig! Mich haben auch viele Plakate und Parolen irritiert, die bei diesen Demos zu sehen und zu hören waren. Demonstriert werden sollte zunächst gegen die AfD, dann gegen Rechtsextremismus und zum Schluss ging es ganz allgemein «gegen rechts». Genauer gesagt: Protestiert wurde – nicht immer, aber auch – gegen alle politischen Bestrebungen, die nicht dem linken politischen Spektrum zugeordnet werden können.

Ich fürchte, wir sind nicht weit davon entfernt, dass jede Kritik an der Politik der Ampel als «rechts» gebrandmarkt wird. Manchmal wurde es geradezu kurios. In vielen Demos wurde lauthals gerufen: «Ganz XYZ-Stadt hasst die AfD», daneben wackere Demonstranten mit dem Schild: «Hass ist keine Meinung!» Das entbehrt nicht einer gewissen Originalität.

> Ich fürchte, wir sind nicht weit davon entfernt, dass jede Kritik an der Politik der Ampel als «rechts» gebrandmarkt wird.

Wird das – in Ermanglung vorzeigbarer anderer Erfolge – auch der Grundtenor im heraufziehenden Bundestagswahlkampf sein? Wir, die Ampel, sind gleich Demokratie, ihr Kritiker helft den Radikalen?

Ich gehe davon aus, dass diese Stimmung mindestens bis zum Herbst 2025 anhalten wird, dem Zeitraum der nächsten Bundestagswahl. Den Sound dieses Wahlkampfes können wir schon jetzt hören: Auf der einen Seite stehen die Freunde der Ampel und die vereinigte Linke. Dort schließen sich die Guten zusammen: die Gerechten, die Retter der Umwelt und des Klimas, die sozial und kulturell Sensiblen. Alles, was sich nicht in diesen Kreis begibt, ist «rechts». Da wird dann auch zwischen wertkonservativ, rechts und rechtsextrem nicht mehr groß unterschieden.

Übertrieben? Ich fürchte: Nein. Die Ampelparteien wissen doch ganz genau, dass sie mit ihrer Politik bei der Mehrheit der Bevölkerung nicht punkten können. Die Mehrheit möchte eine andere Regierung, eine andere, bessere Politik. Also müssen sie sich für den Wahlkampf etwas völlig anderes einfallen lassen, um die enttäuschten Anhänger zu mobilisieren.

Der Kampf gegen die AfD und die übrigen Spielarten rechtsextremistischer Bewegungen wird dann zum «Kampf gegen rechts» umfirmiert – und alles ist rechts, was nicht links ist.

Hoffentlich weiß die Union, was da auf sie zukommt.

Die Union zwischen Leitkultur und dem Islam in Deutschland

Apropos Union: Da ist das große Thema Migration ja auch interessant. Als es unlängst um die Abstimmung zum Chancen-Aufenthaltsrecht ging, gab es sofort Protest mit zwanzig Enthaltungen, die sagten: Nee, machen wir nicht mit. Ist Migration nach wie vor das Sprengstoff-Thema in der Union?

Kein Sprengstoff-Thema, aber man sieht, dass wir eine Volkspartei sind, dass es ganz unterschiedliche Meinungen gibt. Allerdings ist das Größenverhältnis ja nicht halbe-halbe, sondern ziemlich eindeutig, und zwar eindeutig in ablehnender Position.

Es war allerdings auffällig, dass es viele Leute waren, die zu Merkels Regierungszeit immer Geschlossenheit und Gefolgschaft gefordert haben und jetzt …

Herr Schuler, ich habe mich köstlich amüsiert! Diejenigen, die damals zu mir gesagt haben: Hör mal, du kannst doch nicht eine andere Meinung haben als die Führung, und wenn du sie hast, darfst du sie nicht öffentlich äußern – das sind dieselben, die jetzt von dem Recht Gebrauch machen, sich abweichend zu äußern und auch öffentlich dazu zu stehen. So ändern sich die Zeiten!

Wie glaubwürdig ist denn die Kritik der Union an der Bundesregierung mit Blick auf die sechzehn Jahre Kanzlerschaft von Angela Merkel? Kann man nach einem Jahr sagen: Das ist Vergangenheit, jetzt ist alles Ampel-Schuld?

Nein, das wäre ein bisschen schlicht. Zur Wahrheit gehört auch: Viele Probleme, die die Ampel jetzt hat, die hätten wir auch, wenn wir an der Regierung wären. Wir hätten

> Viele Probleme, die die Ampel jetzt hat, hätten wir auch, wenn wir an der Regierung wären.

vielleicht die ein oder andere Frage anders beantwortet; aber die Probleme wären dieselben.

Nur der Umgang der Ampel mit den Problemen, der wirft manche Fragen auf. Wenn Annalena Baerbock offiziell auf internationaler Bühne verkündet, wir kämpfen einen Krieg gegen Russland – da muss man sagen: Nein, wir sind nicht im Krieg mit Russland; wir helfen der Ukraine bei der Selbstverteidigung. Den Unterschied sollte eine Außenministerin kennen.

Ein seltsamer Lapsus für die oberste Diplomatin.

Ja, als «Lapsus» wird es auch verkauft nach dem Motto: «Vielleicht wollte sie das gar nicht sagen.» – Sie hat es aber gesagt! Es ist eben der Unterschied, ob ich auf irgendeinem Parteitag in einer Turnhalle in Pusemuckel was raushaue oder ob ich mich auf internationaler Bühne bewege und jedes Wort hohe Wellen schlagen kann. Das gehört mit zur Arbeitsplatzbeschreibung von Inhabern öffentlicher Ämter: Pass auf, was du sagst!

Der frühere CDU-Generalsekretär Mario Czaja hat sich mehrfach ganz offiziell und mit großem Auftritt distanziert, zum Beispiel vom Landrat in Bautzen, als der gesagt hat, er will seine Turnhallen nicht freiräumen. Diese Unvereinbarkeitsbeschlüsse, dieses Distanzieren, diese Brandmauern – legen die nicht eigentlich eher eine gewisse Grundnervosität offen?

Wenn Sie damit Abgrenzung/Brandmauer zur AfD meinen, da baue ich an jeder Mauer mit. Nein, kein Maschendrahtzaun, kein Lattenzaun, da muss es eine klare Brandmauer geben.

Das hat aber nichts mit dem Landrat von Bautzen zu tun, denn es gibt mittlerweile viel zu viele Fälle, wo der Bund die Kommunen im Stich lässt. Das wird häufig übersehen. Es gibt keine direkten Finanzbeziehungen zwischen dem Bund und den Kommunen. Vielmehr gibt es ein Kooperationsverbot – es geht ja alles über die Länder. Und wenn der Bund eine so epochale Grundsatzentscheidung trifft wie die Grenzöffnung, trifft es am Ende die Kommunen. Die Unterbringungsprobleme finden doch nicht in Berlin statt, sondern in den Kommunen vor Ort. Die Integration, die medizinische Versorgung, das sind enorme Herausforderungen und hier werden die Kommunen im Stich gelassen.

Wahrscheinlich war das vom Bautzener Landrat, den ich persönlich gar nicht kenne, so eine Art Hilferuf: Wir können nicht mehr! Da kann die Kommune nicht sagen: Das ist aber politisch unanständig.

Es ist ja schon erstaunlich, dass nach dem Überfall der Hamas auf Israel und den gewalttätigen antiisraelischen Demonstrationen in Deutschland offenbar sehr vielen Leuten ganz plötzlich klar geworden ist, dass Migration auch Probleme mit sich bringt – nicht nur die palästinensische Migration, sondern Migration insgesamt. Nehmen Sie diesen Leuten aus Politik und Gesellschaft diese plötzliche Verwunderung und diese seltsame Alarmiertheit ab? Als ob man in den Jahren vorher das Ganze nicht hätte sehen können.

Ich wundere mich über diejenigen, die sich jetzt wundern. Was jetzt mehr und mehr kommt, ist die Offenheit, mit der man über diese Themen spricht. Nicht mehr nur hinter vorgehaltener Hand, sondern öffentlich.

Vor nicht allzu langer Zeit war das ganz anders. Da lag mir ein Landrat im Arm und sagte: «Herr Bosbach, wir können nicht mehr. Ich habe heute 361 Flüchtlinge zugewiesen bekommen für den ganzen Landkreis. Die Bürgermeister wissen nicht mehr, wo sie die unterbringen könnten. Machen Sie was! Tun Sie was! Sie haben doch Einfluss!» Und während er sprach, wurde er immer leiser und guckte um sich, ob ihn einer gehört hat.

Das war noch 2023 die Lage in Deutschland. Wehe dem, der beim Thema Migration offen über Probleme sprach. Der wurde sofort in die rechte Ecke gestellt. Und dann hatte er noch Glück! Wenn er Pech hatte, galt er als Nazi! Viele hatten Angst, als fremdenfeindlich abgestempelt zu werden und dadurch vielleicht sogar geschäftliche Nachteile zu erleiden. – Damit fängt das Unglück an: wenn man nicht mehr offen darüber spricht, weil man Angst hat, als xenophob zu gelten.

Die öffentliche Debatte der letzten Monate ist auch deshalb interessant, weil wir sie ja vor über zwanzig Jahren schon einmal mit gleicher Intensität geführt haben. Damals unter der Überschrift «Leitkultur». Na, da war aber was los! Der Begriff ist Anfang der 2000er-Jahre von Friedrich Merz in die politische Debatte eingeführt worden. Ursprünglich stammt er jedoch vom deutsch-syrischen Politikwissenschaftler Bassam Tibi. Dem wurde der Begriff nicht um die Ohren gehauen, vermutlich weil er selbst einen Migrationshintergrund hat. Den kann Friedrich Merz bekanntermaßen nicht vorweisen – das Sauerland gilt nicht als fremdes Territorium.

Merz wurde von vielen Kritikern vorgehalten, hinter dem Begriff «Leitkultur» verberge sich in Wahrheit eine Neufassung von «Deutschland, Deutschland über alles!», was natürlich kompletter Stuss war.

Die Leitkultur-Debatte beinhaltet ja deutlich mehr, als die Reduzierung auf Vorgärten und Gartenzwerge glauben machen möchte, mit der sie damals ins Lächerliche gezogen wurde. Man könnte sich zum Beispiel fragen, ob es überhaupt realistisch ist, etwa von Migranten aus dem Nahen Osten, die gewissermaßen seitwärts in unsere Geschichte einscheren, zu verlangen, dass sie den historischen Nachhall unserer Geschichte verinnerlichen und akzeptieren. Deren Familien haben ganz andere Wurzeln und Traditionen, die sie mitbringen, Kolonialerfahrungen, Kriege zwischen Glaubensrichtungen, die sie geprägt haben und nicht deshalb ablegen, weil sie jetzt in Herne oder Saalfeld untergebracht sind … Bringt man heute seine Kultur und Identität nicht einfach mit?

Ja und nein. Jedenfalls würde ich «mitbringen» nicht dahingehend interpretieren, dass die Folge ein dauerhaftes Beharren auf jener Prägung bedeutet, die Migranten aus der Heimat mitbringen. Wir alle erfahren bestimmte Prägungen nicht nur in unseren Elternhäusern, sondern auch gesamtgesellschaftlich, kulturell. Wir werden in bestimmten Rechts- und Wertesystemen groß, auch von diesen werden wir geprägt, zumindest beeinflusst.

Wir sind ja nicht nur ein Land mit einer Einwanderungsgeschichte, wir hatten und haben auch rege Auswanderung. Es gab Phasen, da haben Hunderttausende unser Land verlassen – und mit im Gepäck waren auch alle erwähnten Prägungen. Viele zog es schon vor Jahrhunderten nach Amerika. Teils aus religiösen Gründen, teils war große Armut der Grund.

Diese Prägungen legt man auch in der neuen Heimat nicht so schnell ab. Solange Migration innerhalb desselben oder vergleichbaren Kulturkreises erfolgt, sind die Prägungen kein Hindernis auf dem Weg zu einer gelungenen Integration oder gar Assimilation. Niemand erwartet oder verlangt sogar, dass jemand seine Wurzeln kappt, seine Herkunft mit all ihren Einflüssen und Facetten leugnet. Aber die vorbehaltlose Akzeptanz unserer Rechts- und Werteordnung als wichtige Voraussetzung für Integration ist nicht zu viel verlangt.

Wir sind viel zu lange davon ausgegangen, dass sich die Prägungen aus den Herkunftsländern in der zweiten oder dritten Generation irgendwie «herauswachsen». Dass mit Zeitablauf Integration wie ganz selbstverständlich erfolgen wird. Und dass wir Integrationsdefizite mit einem Kursangebot beheben können. Bei Sprachstandserhebungen kann man deutsche Sprachkenntnisse testen – aber wie will man den Grad von Integration prüfen?

Die Leitkulturdebatte war für mich damals aus mehreren Gründen so interessant. Nicht nur, weil der Begriff von Kritikern ganz bewusst fehlinterpretiert wurde, sondern auch wegen der ständigen Hinweise auf das Grundgesetz. Dort stünde alles drin, was zu beachten sei – mehr nicht. Wer das Grundgesetz akzeptiere, brauche keine weitere Orientierungshilfe. Das war damals schon falsch, heute sogar noch mehr.

Nehmen wir den viel zitierten Satz: «Das Existenzrecht Israels gehört zu unserer Staatsräson!» Diesen Satz wird man im Grundgesetz nirgendwo finden. Er ist aber für uns – nicht nur aus bittersten historischen Erfahrungen – von ganz grundsätzlicher Bedeutung. Oder die vorbehaltlose Akzeptanz des staatlichen Gewaltmonopols: Diese kann man mit viel Mühe und Fantasie aus verschiedenen Artikeln des Grundgesetzes herausdestillieren, aber sie ist im Grundgesetz nirgendwo eindeutig verankert. Dennoch ist sie eine wichtige zivilisatorische Errungenschaft für ein friedliches Zusammenleben aller Menschen hier bei uns.

Doch das sehen nicht wenige offensichtlich anders. Es ist noch nicht lange her, da hat der ehemalige ARD-Journalist Dr. Joachim Wagener ein ebenso voluminöses wie interessantes Buch über die Paralleljustiz in Deutschland geschrieben: «Richter ohne Gesetz». Dieses Werk hätte mindestens so viel öffentliche Aufmerksamkeit verdient wie die Bücher von Thilo Sarrazin. Es hat aber nicht viele Menschen interessiert, wahrscheinlich war es zu sachlich. Oder viele haben gedacht: «Das Thema packen wir besser nicht an, sonst kommt wieder der Vorwurf der Stigmatisierung von Migranten aus anderen Kulturkreisen.»

Sie haben erzählt, dass der Schwiegervater Ihrer Tochter als türkischer Migrant nach Deutschland gekommen sei und seine Integration sich gewissermaßen natürlich über den Arbeitsalltag ergeben hat. Warum funktioniert das heute nicht mehr? Zumindest nicht in der Breite? Liegt das an der Zahl der Migranten?

In der Zeit der Anwerbung der sogenannten Gastarbeiter kamen diese in aller Regel zu schon vorher bekannten Arbeitgebern, auf für sie vorgesehene Arbeitsplätze. Sie hatten nicht die Erwartung, der Staat werde schon für sie sorgen.

Das ist heute ganz anders. Allein im letzten Jahr sind Hunderttausende zu uns gekommen – als Schutzsuchende, aus humanitären Gründen und nicht, weil Arbeitsplätze für sie zur Verfügung standen. Ob und wann diese Menschen die Möglichkeit einer Erwerbstätigkeit bekommen, hängt von verschiedenen Faktoren ab; ob sie bei rechtlicher Möglichkeit auch tatsächlich einen Arbeitgeber finden, wiederum von anderen Faktoren, insbesondere von den individuellen beruflichen Fähigkeiten und Erfahrungen und von den Sprachkenntnissen.

Was kaum einer mehr weiß: Zum Zeitpunkt des Anwerbestopps der Gastarbeiter durch die Regierung Willy Brandt waren ausländische Arbeitnehmer *unter*durchschnittlich erwerbslos. Das ist heute, wie schon erwähnt, völlig anders. Das gilt sowohl für die Arbeitslosenstatistik als auch für den

> Allein im letzten Jahr sind Hunderttausende zu uns gekommen – als Schutzsuchende, aus humanitären Gründen und nicht, weil Arbeitsplätze für sie zur Verfügung standen.

Bezug von Sozialleistungen, insbesondere beim Bürgergeld. Da ist die ausländische Bevölkerung weit überrepräsentiert.

Eine Mitarbeiterin der Kölner Stadtverwaltung – selbst mit Migrationshintergrund – hat mir einmal berichtet, sie sei immer wieder überrascht, welche Kenntnisse des deutschen Sozialrechts selbst bei jenen bestünden, die erst vor Kurzem eingereist wären. Sie wüssten im Detail, welche staatlichen Leistungen sie hier beanspruchen könnten. Sie habe gelegentlich Hilfeempfänger z. B. als Aushilfen in der Gastronomie getroffen, diese Nebentätigkeit sei aber nie angezeigt worden. Dies habe sie routinemäßig ihrem Vorgesetzten gemeldet, der aber von Sanktionen abgeraten habe mit dem vermutlich auch noch zutreffenden Argument: «Das bringt ja doch nix.»

Aktuelles Beispiel: Mir wurde ein Bescheid für eine siebenköpfige Familie zugespielt, ein Ehepaar mit fünf Kindern zwischen sieben und siebzehn Jahren. Der «Bedarf» wurde mit über 4500 Euro pro Monat ermittelt. Netto! Dabei waren die Miet- und Nebenkosten erstaunlich niedrig; da hätte ich mit mehr gerechnet. In dem Moment, in dem das staatliche Entgelt durch Einnahmen aus Erwerbstätigkeit ersetzt würde, bekäme der Arbeitnehmer zwar Kindergeld; das aber ist deutlich niedriger als der Regelsatz beim Bürgergeld. Und das wissen die Betroffenen ganz genau.

Dennoch ist der Satz «Die legen sich in die soziale Hängematte» *nicht* richtig, denn der Staat legt sie von Amts wegen dort hinein. Und wehe dem, der das kritisiert! Der wird sofort in die unsoziale Ecke gestellt, gilt als hartherzig und mitleidlos.

Die Erfahrungen in Ihrer Familie sind sehr interessant. Wie erklären Sie sich aber, dass Türken in der zweiten und dritten Generation in Deutschland so stark zum Beispiel dem autoritären Präsidenten Erdoğan anhängen und mit dem säkularen Staat fremdeln, in dem sie so lange recht auskömmlich gelebt haben? Warum ist der Prozess des Einwachsens in die deutsche Gesellschaft offenbar an irgendeiner Stelle bei vielen stecken geblieben?

Je mehr Menschen aus einem bestimmten Land zu uns kommen, je größer die Community einer bestimmten Region, eines bestimmten Kulturkreises an einem Ort ist, desto weniger muss sich der Einzelne um Integration im Aufnahmeland bemühen – man kommt im Alltag ja auch ohne ganz gut zurecht. Das gilt ganz generell, nicht nur im Hinblick auf Zuwanderung aus der Türkei oder aus dem arabischen Raum. Dann bleibt man dem Heimatland auch in der Ferne eng verbunden, liest Zeitungen in der Heimatsprache, guckt dortige Sender, hört Nachrichten und Musik aus der Heimat. Viele bringen auch ihre politischen, kulturellen und gesellschaftlichen Einstellungen mit und pflegen diese schon deshalb besonders intensiv, um ein Stück Heimat in der Fremde zu haben. Deutsche, die vor vielen Hundert Jahren nach Amerika ausgewandert sind, haben sich nicht viel anders verhalten – allerdings gab es damals noch nicht Radio, TV, Telefon, geschweige denn das Internet.

Der türkische Präsident Erdoğan macht sich diese Situation zunutze, indem er immer und immer wieder den Eindruck erweckt, ausgerechnet *er* sei derjenige, der die Interessen seiner (ehemaligen) Landsleute in Deutschland am besten vertrete. Nein, der Regierungschef heißt – für ausnahmslos alle, die hier leben – jedenfalls zurzeit noch Scholz und nicht Erdoğan.

Aber da Erdoğan weiß, dass der Zuspruch für ihn bei seinen Landsleuten in Deutschland größer ist als in der Türkei, engagiert er sich hier ganz besonders. Nicht zuletzt über die Moscheegemeinden der Ditib.

Apropos Moscheen: Hendrik Wüst hat vor den Wahlen in Nordrhein-Westfalen 2022 den Muezzin-Ruf begrüßt und gesagt, das könne ein guter Beitrag für Integration von Muslimen sein. Ist es eine gute Nachricht für Deutschland, wenn es islamischer wird?

Dass Muslime zu Deutschland gehören, dass sie Teil unserer Gesellschaft sind, daran habe ich überhaupt keine Zweifel. Bei uns gilt Religionsfreiheit, in Deutschland kann jeder seinen Glauben ausüben. Das unterscheidet unser Land von vielen anderen Ländern, in denen der Islam Staatsreligion ist und Christen noch nicht mal das religiöse, kulturelle Existenzminimum zugestanden wird.

Beim Muezzin-Ruf sehe ich es anders, obwohl ich verstehen kann, dass mein Ministerpräsident sich positiv dazu äußert. Da kriegt er auch keinen Ärger.

Ich finde es immer wieder interessant, dass gesagt wird, der Muezzin-Ruf sei nichts anderes als das Glockengeläut der christlichen Kirchen. Von wegen! Der Muezzin-Ruf ist ein öffentlich verkündetes islamisches Glaubensbekenntnis, dass Allah der einzige Gott ist. Die Kirchenglocke hingegen macht einfach nur darauf aufmerksam: In fünfzehn Minuten beginnt der Gottesdienst oder eine Andacht.

Die Aufregung, die wir am Anfang in Köln hatten, hat sich mittlerweile gelegt. Es ist ja kaum noch wahrnehmbar und alles sehr, sehr moderat, deswegen wird das im Moment auch unter Lärmschutzgesichtspunkten als unproblematisch empfunden. Fest steht: Der Muezzin-Ruf ist etwas anderes als das Glockengeläut.

> Ich finde es immer wieder interessant, dass gesagt wird, der Muezzin-Ruf sei nichts anderes als das Glockengeläut der christlichen Kirchen. Von wegen!

Er ist ja auch ein Symbol. Und ich habe manchmal den Eindruck, dass die Deutschen sich darüber nicht im Klaren sind, dass sie den ganzen Islam bekommen und nicht bloß den halben, den sie für so säkular halten wie das hiesige Christentum. Das heißt, die Scharia gehört halt mit dazu – wie groß der Personenkreis auch sein mag, der sie aktiv verficht. Insofern halte ich das blanke Willkommenheißen für etwas eindimensional.

Mich hat schon gewundert – obwohl mich das eigentlich nicht hätte wundern müssen –, dass die Ditib-Zentralmoschee in Köln-Ehrenfeld, um die es hier geht, nicht von einem religiösen Oberhaupt eingeweiht wurde, sondern vom türkischen Präsidenten Recep Tayyip Erdoğan. Das bedeutet, es geht hier um politischen Islam.

Ich bin davon überzeugt: Der allergrößte Teil der Muslime ist friedlich, rechtstreu und bemüht sich um Integration in unser Land. Aber: Es gibt eben auch Zehntausende Islamisten, die ihre religiöse Überzeugung nicht von ihrer politischen Überzeugung trennen und für die die Worte und Taten ihres Propheten auch Richtschnur für ihr politisches Denken und Handeln sind.

> Ich bin davon überzeugt: Der allergrößte Teil der Muslime ist friedlich, rechtstreu und bemüht sich um Integration in unser Land.

Die Ditib-Moscheen in Deutschland sind der verlängerte Arm von Diyanet, dem türkischen Amt für Religionsangelegenheiten, und damit eine politische Angelegenheit der Türkei, die hier nach Deutschland exportiert wird.

Zwei Jahre vor seinem Tod 2013 hat Altkanzler Helmut Schmidt gesagt: «Ich bin sehr skeptisch, was die Einwanderung aus islamischen Kulturen angeht.» Unabhängig davon, wie man den Satz bewerten mag: Fehlt so eine Stimme, die auch mal Unbequemes in die Debatte streut?

Ich bin gar nicht sicher, ob Helmut Schmidt das heute sagen bzw. noch einmal wiederholen würde. Thilo Sarrazin hat ja erlebt, wie es in der SPD zugeht, wenn man etwas äußert, das politisch nicht korrekt ist. Helmut Schmidt durfte

Wenn der Bundespräsident warnt: Wir dürfen die Grenzen der Aufnahmefähigkeit unseres Landes nicht überziehen, dann gilt das als wichtiger Beitrag zu einer innenpolitischen Debatte. Wenn Friedrich Merz dasselbe sagt, ist die Hölle los!

das noch sagen, er war sakrosankt, gegen ihn hat niemand die Stimme erhoben.

Heutzutage weiß auch keiner mehr, wer im Januar 1973 den Anwerbestopp für ausländische Arbeitnehmer erlassen hat. Das war keine konservative Regierung – das war Willy Brandt mit dem Satz: «Wir müssen sorgsam überlegen, wo soziale Vernunft und Verantwortung Halt gebieten.» Kaum ein Sozialdemokrat würde das heute öffentlich noch so äußern.

Wenn der Bundespräsident warnt: Wir dürfen die Grenzen der Aufnahmefähigkeit unseres Landes nicht überziehen, dann gilt das als wichtiger Beitrag zu einer innenpolitischen Debatte. Wenn Friedrich Merz dasselbe sagt, ist die Hölle los!

Als Begründung, warum Integration in Deutschland so schwer funktioniert oder gar nicht funktioniert, wird ja oft gesagt, die Migranten seien nicht hinreichend willkommen geheißen worden, sie seien auf eine Mauer der Ablehnung gestoßen oder es gebe aufgrund des Andersseins Barrieren, und deshalb flüchteten sie sich in ihre eigene Welt. Wie sehen Sie das?

Wenn diese Argumentation zutreffend sein sollte, dann wäre Deutschland mit Sicherheit kein derart begehrtes Migrationsziel. Dann würden doch die meisten einen großen Bogen um unser Land machen! Außerdem: Es gibt millionenfach Beispiele für bestens gelungene Integration, für Menschen mit Migrationshintergrund, die hier bei uns im wahrsten Sinne des Wortes «angekommen» sind. Sozial, gesellschaftlich, kulturell.

Aber wie gesagt: Es gibt eben auch viele, zu viele Beispiele für Integrationsdefizite, für fehlende Integrationskraft, defizitären Integrationswillen. Das wiederum ist keine Sensation. Wenn viele und immer mehr Menschen aus anderen Kulturkreisen zu uns kommen, um hier ein neues, besseres Leben zu beginnen, wird Integration für jeden Einzelnen schwieriger, weil der Staat sinnvolle Integrationshilfen nicht grenzenlos anbieten kann. Dann sind die zuständigen Behörden – bis hin zum Bundesamt für Migration und Flüchtlinge – nicht nur gefordert, sondern überfordert, denn man kann sich nicht zielgenau um jeden Einzelnen kümmern.

Ein Beispiel aus dem Sport zeigt, worum es hier geht. Im Fußball sind in der Regel zwanzig bis zweiundzwanzig Spieler im Trainingsbetrieb aktiv. Trainer und Co-Trainer können bei dieser Zahl noch so eben zielgenau arbeiten, auch an Defiziten einzelner Kicker. Stell noch zwanzig Mann mehr auf den Platz, und schon wäre der Trainerstab völlig überfordert!

Der Staat hat vor allem in den letzten zwanzig Jahren alle denkbaren Anstrengungen unternommen, um bei der Integration zu helfen. Stichwort: Sprach- und Integrationskurse. Der Erwerb der deutschen Sprache in Wort und Schrift ist nun einmal die Schlüsselqualifikation für Integration schlechthin. Kritiker nennen diese schlichte Feststellung gerne «Zwangsgermanisierung». Was soll man zu solch einem Unsinn sagen?

Es gab unter dem Dach des Bundesinnenministeriums den Versuch, in einer Studie mögliche fremdenfeindliche Ressentiments aufzudecken, indem man unter anderem Bewerbungsschreiben von erfundenen Praktikanten verschickt hat, die komplett identisch waren. Einziger Unterschied: Die einen hatten einen erkennbar migrantischen Absender, bei der anderen Gruppe wurde ein klassisch deutscher Name angegeben. Wenn die Namen mit fremdländischem Absender weniger erfolgreich gewesen wären als die deutschen, hätte man Ressentiments nachweisen können. Ist man Rassist, wenn man sagt, ich bevorzuge den Klaus und ziehe ihn dem Murat vor?

Hinter einer solchen Einstellung muss nicht unbedingt Rassismus stecken, vielleicht sind es auch bloß Vorurteile, Vorbehalte. Für meinen Geschmack wird ohnehin zu oft reflexartig die Rassismuskeule ausgepackt. Wenn dieser Vorwurf permanent reflexhaft erhoben wird, dann nutzt er sich ab, verliert an Wirkung und Bedeutung.

Ich würde die Haltung nicht rassistisch, aber in hohem Maße unklug nennen, denn Einstellungsentscheidungen sollte man nicht von Namen oder Herkunft abhängig machen, auch nicht nur von der berühmten «Papierform», sondern vom persönlichen Eindruck. Da geht es um die Frage, ob die Bewerberin oder der Bewerber für die Besetzung einer Stelle die bestmögliche Eignung hat – fachlich und persönlich. Ob Ali oder Kevin, schwarz oder weiß, Christ, Moslem oder vielleicht Atheist, sollte nicht entscheidend sein.

Was halten Sie von Migrantenquoten, wie es von einigen Aktivisten gefordert wird?

Ich bin grundsätzlich kein Fan von Quoten, auch hier nicht. Ich bin auch nicht davon überzeugt, dass es irgendjemand wirklich toll findet, wenn er oder sie nur deshalb gewählt, eingestellt oder befördert wird, weil es eine Quote so will. Jeder möchte doch aufgrund von Qualifikation und Leistung weiterkommen, nicht wegen einer Quote.

Es gab im Zuge der Proteste nach dem Überfall der Hamas auf Israel ein Bild, das Muslime, ich glaube, es waren Imame, zeigte, die demonstrativ vor dem Brandenburger Tor ihr Gebet verrichteten. Das wurde von einigen auch als eine Geste der Landnahme und des Anspruchs auf gesellschaftliche Dominanz gesehen. Ist das übertrieben?

Landnahme würde ich das nicht nennen, eher die Vorführung von Stärke: «Wir sind hier, wir sind viele, wir bleiben und wollen weithin sichtbar sein.» Das war wohl auch der Zweck dieser Art öffentlicher religiöser Demonstration.

Für das Miteinander der Religionen wird gern die Ringparabel von Gotthold Ephraim Lessing aus «Nathan der Weise» bemüht, die wir in der Schule auswendig lernen mussten:

> *Es eifre jeder seiner unbestochnen*
> *Von Vorurteilen freien Liebe nach!*
> *Es strebe von euch jeder um die Wette,*
> *Die Kraft des Steins in seinem Ring' an Tag*
> *Zu legen! Komme dieser Kraft mit Sanftmut,*
> *Mit herzlicher Verträglichkeit, mit Wohltun,*
> *Mit innigster Ergebenheit in Gott*
> *Zu Hilf'!*

Ein friedlicher Wettbewerb der Religionen, welche denn am gütigsten, menschenfreundlichsten und zuträglichsten sei. Wie realistisch ist das? Gibt es nicht auch gravierende Unterschiede der Religionen?

Die religiöse Überzeugung ist meiner Ansicht nach Privatsache. Der eine geht in die Kirche, der andere in die Synagoge, der Dritte in die Moschee und der Vierte läuft stramm an jedem Gotteshaus vorbei. Das hat die Politik nicht zu kommentieren, nicht zu kritisieren.

Aber dort, wo sich Religion und Politik überlappen, wo aus einer religiösen Haltung heraus politischer Aktivismus, vielleicht sogar Fanatismus entsteht, da kann und darf der Staat nicht wegschauen. Wer Koran und Hadithen, die Worte und Taten des Propheten wortwörtlich auslegt und als Leitschnur für politisches Handeln betrachtet, bei dem muss eine klare Trennlinie gezogen werden. Dann wird Religion zur Politik, dann darf der Staat nicht mit verschränkten Armen danebenstehen.

Die Gleichberechtigung von Mann und Frau ist in Deutschland ganz selbstverständlich – was allerdings nicht immer so war – und darf nicht unter Hinweis auf irgendeine religiöse Überzeugung negiert werden. Wer glaubt, er hätte aus «Ehre» gemordet oder sogar morden müssen, ist genauso ein Mörder wie derjenige, der aus niederen Beweggründen, aus Habgier oder zur Verdeckung einer Straftat getötet hat. Da darf es keinen kulturellen Strafrabatt geben. Nicht bei uns!

Interessant ist, dass nicht selten Leute bei uns mangelnde religiöse Toleranz beklagen, während in ihren Heimatländern religiöse Toleranz komplett unbekannt ist. Es gibt wie erwähnt Länder, in denen Christen noch nicht einmal das religiöse Existenzminimum gewährt wird, beispielsweise Saudi-Arabien. Andere Staaten verhängen für religiöse Verstöße drakonische Strafen, in Afghanistan oder im Iran noch Schlimmeres. Wer das bei uns als richtig empfindet, dem ist freigestellt, dort zu leben. Wir werden niemanden an der Ausreise hindern.

Dort, wo mit Verweis auf religiöse Überzeugungen das staatliche Recht suspendiert werden soll, genau da muss unsere Toleranz ihre Grenzen haben. So kennt *unsere* Rechtsordnung den «Ehrenmord» als Rechtsbegriff aus guten Gründen nicht und ich hoffe auch nicht, dass sich unsere Justiz jemals daran orientieren wird.

> Dort, wo mit Verweis auf religiöse Überzeugungen das staatliche Recht suspendiert werden soll, genau da muss unsere Toleranz ihre Grenzen haben.

Sie «hoffen» das? Ich würde das gern ausschließen …

Stand heute schließe ich das aus, aber für alle Zeiten? Dazu fehlen mir Mut und Zuversicht. Dazu hat sich im Lande schon zu viel geändert.

Eine bekannte Migrationsforscherin mit eigener Migrationsgeschichte hat die Dinge mal so beschrieben: «In den Sechzigerjahren saßen die Deutschen am Tisch und wir durften die Speisen zureichen. Es hat lange gedauert, bis wir auch am

Tisch Platz nehmen durften. Heute beginnen wir mitzubestimmen, was auf den Tisch kommt» ... Wird mit dem anhaltenden Zustrom vor allem muslimischer Migranten dieses Ringen um die Prägekraft der Gesellschaft das *große Thema der kommenden Jahre?*

Durchaus möglich. Und die Sprengkraft dieser Entwicklung würde ich nicht unterschätzen. Denken Sie nur mal an die Freitagspredigten der Diyanet- und Ditib-Moscheen nach dem Überfall der Hamas auf Israel am 7. Oktober 2023. Die von Diyanet vorgeschriebenen Predigten, die außerhalb Deutschlands gehalten wurden, waren an antiisraelischer und antisemitischer Eindeutigkeit nicht zu überbieten.

Zitat: «Vor etwa einem Jahrhundert wurden Frieden und Friede in den palästinensischen Ländern beendet und die Saat der Zwietracht und Unterdrückung gesät. Wie ein rostiger Dolch, der im Herzen der islamischen Geografie steckt, hat Israel in den von ihm besetzten Gebieten gegen Muslime auf alle Arten der Unterdrückung zurückgegriffen.»[3]

Vom Teilungsplan der UN von 1947 – keine Rede. Von den nachfolgenden Kriegen der Nachbarstaaten gegen Israel – kein Wort. Von dem unbedingten Willen vieler Anrainerstaaten sowie von Hamas und Hisbollah, Israel zu vernichten – keine Silbe. Auf diese Weise wurde Israel vom Opfer zum Aggressor. Verkehrte Welt!

Diyanet ist direkt dem Präsidenten Erdoğan unterstellt. Das Amt hatte vor einigen Jahren mehr als 100 000 Mitarbeiter und einen Milliarden-Etat. Das ist keine Klitsche,

[3] http://tinyurl.com/2r9k95rw, zuletzt aufgerufen am 17.01.2024.

das ist eine mächtige Behörde mit weitreichendem Einfluss, auch und gerade nach und in Deutschland.

Diese unsägliche Predigt nach dem 7. Oktober 2023 ist für die Ditib-Moscheen in Deutschland bewusst abgeschwächt worden. Offensichtlich hat man in Ankara geahnt, dass die Predigt hier als antisemitische Hetze wahrgenommen werden könnte – was ja auch der Fall war. Also kam ein verklausulierter Text, leicht entschärft. Das ändert aber natürlich überhaupt nichts daran, dass man auch hier weiß und wusste, was in Ankara tatsächlich gedacht wurde, und das wird seine Wirkung auf die Gläubigen nicht verfehlt haben.

Hessen und Nordrhein-Westfalen haben den konfessionellen Religionsunterricht für Muslime in die Hände von Ditib gelegt. Sollte man das revidieren?

Ja! Denn hierdurch wird die Ditib ganz eindeutig aufgewertet. Vielleicht hat man sich in Düsseldorf und Wiesbaden gedacht: «Die binden wir enger an uns, dann haben wir auch mehr Einfluss darauf, was dort gesagt, getan, gelehrt wird.» Die Ditib wird sich aber immer und auf Dauer an Ankara ausrichten und nicht an Nordrhein-Westfalen und Hessen.

Nach dem Angriff der Hamas auf Israel war viel davon die Rede, dass jüdische Einrichtungen sehr viel stärker geschützt werden müssten. Ist es ein Problem, wenn mehr und mehr private Wachdienste mit Migranten aus dem Nahen Osten besetzt sind?

Ich war vor einigen Monaten für stern TV Zaungast bei zwei propalästinensischen Demonstrationen in Wuppertal und in Essen. Das RTL-Team wurde von zwei Sicherheitskräften unterstützt. Gut, dass beide aus arabischen Ländern kamen! Sie verstanden, was da in fremder Sprache mal gesagt, mal gebrüllt wurde und was auf den Plakaten stand. Da wären wir Deutsche total überfordert gewesen. Und im Falle des Falles hätten die beiden auch klare Ansagen gemacht.

Wir sollten uns vor der Einstellung hüten, dass alle Muslime, all diejenigen, die aus einem arabischen Land stammen, automatisch antiisraelische, antisemitische Einstellungen oder gar klammheimliche Freude am Terror der Hamas haben. Wie bereits erwähnt, ist es allerdings tatsächlich leider so, dass Migranten aus diesem Kulturkreis überdurchschnittlich in antisemitischen Klischees verhaftet sind.

Krisen, Krisen und noch mehr Krisen

Ist heute noch irgendetwas sicher?

Ich würde gerne noch auf ein grundsätzliches Gefühl zu sprechen kommen, das viele Menschen derzeit haben. Es ist das Gefühl, dass unser Land auf mehreren Ebenen gleichzeitig kollabiert: Auf dem Gebiet der Wirtschaft zeigen alle Indikatoren abwärts, Energie ist zu teuer, in der Gesellschaftspolitik haben wir schräge Projekte für Drogenfreigabe und Geschlechterwechsel, in der Politik wollen viele Menschen einen Wechsel und unterstützen eine Partei, die komplett isoliert wird, bei der Bildung rangiert Deutschland schon lange auf den hinteren Rängen, die Infrastruktur ist marode, Landwirtschaft wird gegängelt, Klimaschutz dominiert alles und bleibt erfolglos … – überall sind Dinge im Argen, von denen die Lösung zumindest so ohne Weiteres nicht absehbar ist. Ein diffuses Gefühl von Ausgeliefertsein und Niedergang. Haben Sie das auch schon erlebt?

Und ob! In unzähligen Gesprächen, Tag für Tag! Seit 1949 gab es immer mal wieder Krisen, innen- und außenpolitische, aber an eine solche Zeit multipler Krisen kann jedenfalls ich mich nicht erinnern: Flüchtlingskrise, Corona, Ukraine, erneutes Aufflammen des Nahost-Konflikts und alles in kurzer Zeit.

Dennoch gilt für die Ampel: Zeitenwende bei der Verteidigungspolitik ja, aber im Übrigen arbeiten wir tapfer die Koalitionsvereinbarung ab, als gäbe es keinen Bedarf an weiteren Kurskorrekturen. Nach dem Angriff Putins auf die Ukraine, den nachfolgenden Problemen bei der Energieversorgung und den damit verbundenen enormen Preissteigerungen für Privathaushalte und Unternehmen und der schwindenden Wirtschaftskraft hätte die Ampel den Koalitionsvertrag Zeile für Zeile überprüfen und sich die Frage stellen müssen: Was bedeutet das für unsere politischen Absichten? Besteht Korrekturbedarf? Was ist überholt, wo müssen wir neue Schwerpunkte setzen?

> Nach dem Angriff Putins auf die Ukraine, hätte die Ampel den Koalitionsvertrag Zeile für Zeile überprüfen und sich die Frage stellen müssen: Was ist überholt, wo müssen wir neue Schwerpunkte setzen?

Vor diesem Hintergrund tritt der grundsätzliche Konstruktionsfehler der Ampelkoalition deutlich hervor: Die SPD wollte – und will – den Sozialstaat immer weiter ausbauen, alles unter der Überschrift «soziale Gerechtigkeit». Diese schulden wir aber, wie gesagt, nicht nur den Empfängern staatlicher Leistungen, wenn sie nicht in der Lage sind, ihren Lebensunterhalt durch eigene Arbeitsleistung zu erwirtschaften, sondern auch jenen, die von morgens bis abends dafür arbeiten, dass der Staat das alles bezahlen kann. Die Basis des Sozialstaates ist nicht der Leistungstransfer, die Basis sind der Fleiß und die Steuerehrlichkeit der Bevölkerung.

Die FDP ist angetreten, um Steuererhöhungen zu verhindern, was nur bedingt funktioniert, wenn Lkw-Maut und CO_2-Bepreisungen steigen, was natürlich auch zu einer Mehrbelastung der Unternehmen und der Bürger führt, auch wenn es sich nicht um klassische Steuern handelt.

Und die Grünen wollten unter allen Umständen ihre klimapolitischen Vorhaben umsetzen, und zwar unabhängig davon, ob diese auf hinreichende Akzeptanz in der Bevölkerung stoßen oder zu negativen Folgen für die Wirtschaft führen.

So bekam am Ende jeder das, was er wollte. Dieser Mix funktionierte mehr schlecht als recht bis zur Entscheidung des Bundesverfassungsgerichts über die berühmten «Sondervermögen» des Bundes und deren Umetikettierung, also dem Wechsel des Verwendungszwecks. Wenn das Geld knapper wird, muss die Politik zwangsläufig das machen, was unter normalen Umständen die Regel ist: Prioritäten setzen.

Und schon ging das Gezanke los und das Publikum stellte mit Erstaunen fest, dass es in der Ampel politisch-inhaltlich extreme Meinungsunterschiede gibt. Zusammengehalten wird sie nur noch durch den Willen, an der Macht zu bleiben, und die Überzeugung, dass bei Neuwahlen alle drei Parteien erheblich an Zustimmung verlieren würden. Das Publikum reibt sich verwundert die Augen und fragt sich: «Und wie soll das jetzt weitergehen? Doch nicht noch einmal knapp zwei Jahre so ein Theater!?»

In den 1950er-Jahren hatten wir ein durchschnittliches Wirtschaftswachstum von 8,2 %, in den 60ern von 4,4 %, in den 70ern – trotz Ölpreisschock – immerhin noch von 2,9 %, in den 80ern von 2,6 %. Damals konnte der Staat sein Aufstiegs- und Wohlstandsversprechen im Großen und Ganzen noch einlösen. Vielen ging es von Jahr zu Jahr besser. Es ging bergauf.

2023 hatten wir ein Rezessionsjahr, für 2024 hoffte man auf ein minimales Wachstum – aber der Sozialstaat wird kontinuierlich weiter ausgebaut. Natürlich immer mit edlen Begründungen und in der Hoffnung, hierdurch mehr Zustimmung im Wahlvolk zu erlangen. Da der SPD, dank der FDP, das Lieblingsprojekt «Steuererhöhungen» einstweilen verwehrt wird, muss die Ampel – Karlsruhe sei Dank – plötzlich Prioritäten setzen. Alles, ausnahmslos alles, was in den Ausbau des Sozialstaates fließt, fehlt natürlich für andere Zwecke, auch für Bildung und den Ausbau und die Sanierung der Infrastruktur. Jeden Euro kann man halt nur einmal ausgeben, das gilt selbst für die Ampel.

> Jeden Euro kann man nur einmal ausgeben, das gilt selbst für die Ampel.

Wer glaubt, den Sozialstaat trotz nachlassender Wirtschaftskraft und Wettbewerbsfähigkeit immer weiter ausbauen zu können, wird sein Versprechen nicht halten können. Damit ist Enttäuschung in der Bevölkerung fast zwangsläufig.

Das politische System scheint ebenfalls unter Druck zu sein. Der CDU-Außenpolitiker Norbert Röttgen hat 2015 schon von «systemischer Erschöpfung» gesprochen, weil unter anderem die Umfragen von Allensbach in der Frankfurter Allgemeinen Zeitung seit Jahren ein wachsendes Misstrauen gegenüber dem gesamten bundesdeutschen Politiksystem messen.

2015 gab es eine große Unzufriedenheit mit der Migrationspolitik. Trotzdem gelang es nicht, als Gesellschaft daran irgendetwas zu ändern. Die AfD ist als neue Partei immer stärker geworden, kommt aber als Korrektiv nicht in Betracht, weil die Politik sie draußen lässt. Und wenn sie in Betracht käme, darf man Zweifel haben, ob sie in der Lage wäre, eine Politik zu betreiben, die irgendetwas ändert an der ganzen Sache.

Dann gibt es föderale Blockaden in verschiedenen Politikgebieten. Der politische Prägeraum ist oft von anderen Akteuren übernommen worden. Man denkt manchmal, die Deutsche Umwelthilfe macht mehr Verkehrspolitik als das Verkehrsministerium. Und das Gendern drücken Akteure in den öffentlichen Raum, die überhaupt kein Mandat haben …

Mit anderen Worten: Das politische System wird von vielen erlebt als etwas, wo man zwar Koalitionen ändern kann, aber am Ende geht es dann so weiter wie bisher. Erleben Sie so was auch?

Da kommt vieles zusammen. Angetreten war die Ampel unter der Überschrift «Fortschrittskoalition», so nach dem Motto: «Die ersten zweiundsiebzig Jahre Bundesrepublik waren politisches Mittelalter und jetzt beginnt mit uns die Neuzeit. Ab jetzt wird alles schöner, größer, besser.» Die Große Koalition war nicht besonders beliebt, aber deutlich besser als ihr Ruf, und sie hatte in der Bevölkerung wesentlich mehr Rückhalt als die Ampel.

Ein maßgeblicher Grund hierfür ist – wie bereits angesprochen – die Entkoppelung der rot-grün-gelben Fortschrittspolitik von den realen, ganz alltäglichen Sorgen der Menschen. Während sich ein Großteil der Bürger um die Probleme im Zusammenhang mit einer anhaltend hohen Migration sorgt, die Kommunen bei der Unterbringung der Flüchtlinge zunehmend vor unlösbaren Aufgaben stehen, Krankenhäuser reihenweise Insolvenz anmelden, der Pflegenotstand immer größere Ausmaße annimmt und die PISA-Studie Deutschland ein miserables Zeugnis ausstellt, erfährt das Publikum, dass die Regierung durchsetzen möchte, dass zukünftig jede/-r einmal im Jahr sein Geschlecht ändern kann und Kiffen straffrei werden soll.

> Die Große Koalition war nicht besonders beliebt, aber deutlich besser als ihr Ruf, und sie hatte in der Bevölkerung wesentlich mehr Rückhalt als die Ampel.

Immerhin: In einem wichtigen Bereich gibt es tatsächlich Fortschritte: Die Genehmigungsverfahren großer Infrastrukturvorhaben sollen beschleunigt werden. Das verkauft die Ampel als großen Erfolg. Dass die Probleme hier so groß wurden, hätte leicht vermieden werden können.

Nach der Wiedervereinigung haben wir sofort gewusst, dass wir mit unserem hergebrachten Planungsrecht die marode Infrastruktur in der ehemaligen DDR allenfalls im Schneckentempo sanieren und ausbauen könnten. Wenn die Not groß ist, kann es in der Politik ruckzuck gehen. Ergo wurde das «Verkehrswegeplanungsbeschleunigungsgesetz» beschlossen. Leider nur befristet.

Sehr schönes Wort!

Dann haben wir nach einigen Jahren festgestellt: Alle Achtung, in den neuen Bundesländern wird aber ein enormes Tempo vorgelegt! Respekt! Doch anstatt dieses Recht auf die gesamte Republik auszudehnen, hat man es auslaufen lassen. Also musste jetzt ein Ersatzgesetz her.

Mit anderen Worten, man muss erst an der Wand stehen, um das Nötige zu tun. Warum kann Politik nicht weitsichtig agieren?

Die Beschleunigung von Planungsprozessen wurde zu oft mit dem Schlagwort «Demokratieabbau» kritisiert. Verkürzung von Beteiligungsrechten, insbesondere weniger Mitbestimmung durch die Natur- und Umweltschutzverbände. Bis vor Kurzem galt auch bei höchst dringlichen Vorhaben: Erst wenn auch noch der letzte Verband angehört wurde und zugestimmt hat, erst wenn restlos alle rechtlichen Bedenken ad acta gelegt werden konnten und alle rechtlichen Instanzen grünes Licht gegeben haben, erst dann können die Bagger anrollen. Bis dahin waren nicht selten die ursprünglich veranschlagten Kosten explodiert und aus drei oder fünf Jahren geplanter Bauzeit wurden sieben, acht Jahre oder noch mehr.

Sie sind jetzt einundsiebzig Jahre und kommen eigentlich ganz gut mit dem Rentnerdasein klar, hat man den Eindruck. Gleichzeitig gibt es auf den Straßen Menschen, die in Mülleimern nach Flaschen und Ähnlichem suchen. Ist das das neue Normal? Sind die sozial Schwächsten die ersten Opfer der Krise?

Die Situation dieser Menschen muss uns umtreiben. Deswegen warne ich auch davor, bei einer notwendigen Änderung der derzeitigen Rentenpolitik (Beispiel Aktienrente) das Rentenniveau weiter abzusenken. Denn wenn wir das Rentenniveau weiter absenken, um Geld zu sparen – auch angesichts der geburtenstarken Jahrgänge, die in den nächsten Jahren verrentet werden –, dann sind wir eines Tages beim Niveau von Sozialleistungen. Und dann werden sich viele fragen: Warum habe ich eigentlich jahrzehntelang gearbeitet und Beiträge bezahlt, wenn ich am Ende des Lebens doch nicht mehr habe als der, der eine staatlich finanzierte Sozialunterstützung bekommt?

Müssen wir länger arbeiten? Christian Lindner thematisiert das ja öfter mal.

In Bezug auf die Lebensarbeit gibt es einen Vorschlag, über den man einmal in aller Ruhe diskutieren müsste. Die Idee ist, dass man die längere Lebenserwartung aufsplittet. Ich nenne ein Beispiel: Die Lebenserwartung steigt um ein Jahr; man müsste dann sechs Monate länger arbeiten und hätte eine sechs Monate längere Rentenbezugsdauer.

Das ist in Deutschland allerdings sehr schwierig – auch weil der jetzige Bundesarbeitsminister das Renteneintrittsalter immer weiter vorverlegt hat. Die Folge ist Erstens, dass wir mittlerweile eine durchschnittliche Rentenbezugsdauer von gut zwanzig Jahren haben – Tendenz steigend –, und Zweitens, dass in den nächsten fünfzehn Jahren zwischen dreizehn und vierzehn Millionen Arbeitnehmerinnen und Arbeitnehmer in Rente gehen werden. Das heißt: Wir werden einen enormen Aderlass auf dem Arbeitsmarkt haben. Da geht auch viel Kompetenz, viel Erfahrung verloren.

Ihr inzwischen verstorbener Parteifreund Norbert Blüm hat mal gesagt: «Die Rente ist sicher.» Ist heute eigentlich noch irgendetwas sicher?

Das ist ein ambivalenter Satz – denn er ist richtig und falsch. Wenn er meinte, eine Rente wird es immer geben, also eine Sozialrente, hat er recht. Es hat ja noch niemand einen Rentenbescheid bekommen im Stil von: «Sehr geehrter Herr Schuler, eigentlich hätten Sie jetzt Anspruch auf Rente. Wir haben kein Geld mehr. Wir wünschen Ihnen alles Gute.» Das ist nicht der Fall. Die Rente kommt.

Verstanden wurde der Satz allerdings so: «Wir müssen nicht viel ändern. Das, was wir in den letzten Jahren und Jahrzehnten hatten, wird sich in die Zukunft fortschreiben.» Das stimmt natürlich nicht. Der Beitragssatz ist mal erhöht worden, das Rentenniveau ist abgesenkt worden.

Wenn wir die Rente wirklich zukunftsfest machen wollen, werden wir nicht beim jetzigen System bleiben können. Deswegen ist ja auch die neue Variante «Kapitaldeckung» – wenn auch oft noch auf niedrigem Niveau – der richtige Ansatz.

> Wenn wir die Rente wirklich zukunftsfest machen wollen, werden wir nicht beim jetzigen System bleiben können.

Der Umstieg ist natürlich das Problem, weil man eine längere Zeitspanne braucht, um einen Kapitalstock aufzubauen. Immer mehr Menschen bekommen zwar die Rente, aber sie reicht nicht mehr. Woran liegt das? An den Illusionen der Rentenpolitik der letzten Jahre?

Es ist weniger die Illusion der Rentenpolitik als die tatsächliche Entwicklung bei der Geldentwertung. Wir erzählen ja zurzeit den Menschen, diese Inflationsrate im Jahr 2022 (im Schnitt acht Prozent) sei eine Folge der Energiepreissteigerung. Aber das ist nur die halbe Wahrheit! Heißt: Etwa die Hälfte entfällt darauf.

Wenn – Politik der EZB – über lange Jahre hinweg das Geldvolumen viel stärker steigt als das Gütervolumen, dann gibt es am Ende Inflation. Wann und wie hoch, das wissen wir nicht; aber es gibt sie. Dazu kommen gestörte Lieferketten, erhöhte Rohstoffpreise und vieles mehr. Wir haben eine reale Geldentwertung.

Hat Ihnen schon mal jemand erklären können, wie das gut gehen soll? Die EZB kauft seit Jahren Anleihen, vorzugsweise notleidende Anleihen. Interessant ist, dass selbst normale Leute, die sich mit Volkswirtschaft nicht sonderlich gut auskennen, einen auf Partys fragen: Gibt es irgendeine Perspektive? Wird dann unser Geld abgeschnitten?

Auch ich habe Finanzpolitiker gefragt – keiner hat wirklich eine Antwort, wie das weitergehen soll. Die Schuldenberge jeder neuen Krise wachsen um Billionen und keiner weiß, wo das enden wird.

Wir haben ja 2010/2011 die sogenannte Euro-Krise gehabt, die in Wahrheit keine Krise des Euro war, sondern eine Krise der Überschuldung der Staaten in Südeuropa, vor allem Griechenlands. Heute ist der Schuldenstand in Griechenland größer als damals. Warum regt sich darüber keiner mehr auf? Weil die Risiken nicht mehr von privaten Anlegern getragen werden, sondern von den Steuerzahlern Europas, zu fast einem Drittel von den Steuerzahlerinnen und Steuerzahlern in Deutschland – wenn wir mit unserem Anteil haften.

Mittlerweile sind die Schuldenberge so hoch, dass diese Staaten darauf angewiesen sind, dass die EZB die Staatsanleihen kauft. Private Anleger tun es nicht mehr wegen des Ausfallrisikos. Deswegen befinden wir uns jetzt in einer Zwickmühle, die wir eigentlich schon 2010/2011 hätten ahnen können.

Augen zu und durch?

Hier galt das Prinzip Hoffnung, vor allem Hoffnung, dass die Reformen in den Staaten der südlichen Eurozone so durchgreifen werden, dass sie eben nicht mehr auf Stützungsmaßnahmen angewiesen sind. Heute reden wir ja nicht mehr – wie in der Vergangenheit – von sieben, acht, neun oder zehn Prozent. Wir reden von zwei oder drei Prozent. Das kann Staaten, die das bezahlen müssen, in erhebliche finanzielle Schwierigkeiten bringen, wenn sie Kredite aufnehmen.

Macht Ihnen die wirtschaftliche Entwicklung Deutschlands Sorgen? Die Frühindikatoren, die man immer gerne heran-

zieht, Einkaufsklimaindex, Einzelhandelsbilanzen, Rohstoff- und Bautätigkeit etc., zeigen alle dramatisch nach unten …

Die Sorge, dass unsere Volkswirtschaft schlagartig und dramatisch an Leistungsvermögen verliert, die habe ich nicht. Wir sind mit nur 1 % der Weltbevölkerung die viertgrößte Wirtschaftsmacht, haben – nach wie vor – Hunderte Weltmarktführer in ganz verschiedenen Bereichen, einen starken Mittelstand, das Rückgrat unseres wirtschaftlichen Lebens.

Ich befürchte eher eine Art schleichenden Auszehrungsprozess, in dessen Verlauf sich viele und immer mehr Unternehmen fragen: Investieren wir hier oder nicht doch besser im Ausland? Sind wir unter den hiesigen Rahmenbedingungen auf den Weltmärkten mit unseren Produkten wirklich noch wettbewerbsfähig – oder schlicht zu teuer? Das macht mir Sorge.

Ist das politisch verursacht oder einfach der Weltenlauf?

Wohl beides. Im Zuge der Globalisierung wurde die weltweite Arbeitsteilung und Vernetzung immer intensiver, aber gleichzeitig wurden auch neue Märkte erschlossen. Deutsche Firmen produzieren rund um den Globus, ausländische Firmen investieren bei uns – in Ampelzeiten eher zurückhaltend. Es sei denn, der Staat lockt mit Milliarden Subventionen.

Wir halten uns oft für den Mittelpunkt der Welt, wir sind es aber nicht. Deutschland steht im Wettbewerb mit vielen anderen Investitionsstandorten und muss sehen, wettbewerbsfähig zu bleiben. Es geht dabei auch, aber nicht nur, um das Thema einer sicheren Energieversorgung zu bezahlbaren Preisen.

Der durchschnittliche Strompreis für kleine und mittlere Betriebe hat sich 2023 gegenüber 2022 zwar deutlich reduziert auf «nur» noch 23,32 Ct/KWh, aber in den USA und China liegt er nur bei rund 8 Ct/KWh. Ein gewaltiger Unterschied.

Hinzu kommen die Dauer von Planungs- und Genehmigungsverfahren, der Fachkräftemangel und vieles mehr.

Ist da nicht der gleiche Virus am Werk, den wir schon bei den Mitbestimmungsrechten in den Planungsverfahren besprochen hatten: das Bedürfnis, immer noch sozialer, noch gerechter, noch klimafreundlicher zu werden? Das führt zu neuen Auflagen und Regelungen, die man natürlich dokumentieren muss, um sie überprüfen zu können. Und dazu braucht es dann wieder Bürokratie, die das Ganze noch komplizierter und langsamer macht. Ist das nicht auch eine Sache, die die Wirtschaft runterzieht?

Es sind weniger die einzelnen Gesetze, Richtlinien, Verordnungen oder statistischen Meldepflichten, und was es sonst noch so zu beachten gilt, als die Summe aller Normen. Dem Staat – genauer gesagt dem Gesetz- und Verordnungsgeber – fällt immer wieder etwas Neues ein, womit Private und Unternehmen konfrontiert werden. Natürlich immer mit einer überzeugenden Begründung, mit edlen Absichten.

Beispiel «Lieferkettensorgfaltspflichtengesetz». Ab einer bestimmten Größenordnung verpflichtet es alle Unternehmen, «menschenrechtliche und umweltbezogene Sorgfaltspflichten zu beachten». Risiken soll vorgebeugt, umweltbezogene Pflichtverletzungen sollen beendet werden. Wer will dazu schon Nein sagen!

Sieht man sich aber die Sorgfaltspflichten im Detail an, so ahnt man einerseits, mit welchen Belastungen die Erfüllung aller Pflichten für die betroffenen Unternehmen schon heute verbunden ist; andererseits wird beklagt, man hätte den Unternehmen eigentlich noch mehr abverlangen müssen. Manche wollen sogar Widersprüche zu den UN-Leitprinzipien für Wirtschaft und Menschenrechte entdeckt haben.

Wohlgemerkt: Hier allein der Ampel die Verantwortung für ein Zuviel an Bürokratie bei relativ geringen Erträgen aufzubürden, wäre nicht fair, stammt die Gesetzesinitiative doch noch aus den Zeiten der Großen Koalition. Aber nach einem gewissen Zeitraum mal nachzuforschen: Was haben wir uns von dem Gesetz versprochen? Wie hoch ist der Aufwand für die betroffenen Unternehmen mit mehr als 1000 Mitarbeitern? Und welche Ergebnisse sind erzielt worden?, wäre sicherlich nicht zu viel verlangt.

Bislang hieß es immer: Kleinere Unternehmen sind nicht betroffen! Interessant wäre es einmal zu erfahren, wie viele Pflichten von den größeren Unternehmen an die kleineren einfach weitergereicht werden!

Wie gesagt: Nicht die einzelne Regelung ist das Problem, sondern die schiere Menge. Den damit verbundenen Aufwand würden die Unternehmen ganz sicher viel lieber in Produktion und Innovation investieren.

Bislang gab es noch keine Regierung, die zum Start nicht

mit großem Pathos «Bürokratieabbau» versprochen hat. Und was kam dann? Eher mehr als weniger.

Und da sind wir wieder beim Thema Weltfremdheit: Wie realistisch ist es, bei weltweiter Produktion den letzten Zulieferer noch auf deutsche Standards abklopfen zu wollen? Aber Sie scheinen ja das Wort «Lieferkettensorgfaltspflichtengesetz» sehr gut geübt zu haben. Es kommt Ihnen jedenfalls sehr flüssig über die Lippen. Offenbar hat der Mitarbeiter, der sonst die kindischen Gesetzesnamen wie «Gute-Kita-Gesetz» erfindet, gerade Urlaub gehabt, als das «Lieferkettensorgfaltspflichtengesetz» entstand. Nur so kann man sich den «Rückfall» in die klassische Beamtensprache erklären …

Wahrscheinlich waren die für Wortschöpfungen zuständigen Mitarbeiter noch ermüdet vom Nachdenken über infantile Etiketten wie «Wumms» und «Doppelwumms» oder «Sondervermögen» statt «Schuldenaufnahme». Dagegen ist das Kürzel «Lieferkettengesetz» geradezu eine sprachliche Erholung.

Es gibt noch etwas, das ich auffällig finde: Es gab früher in den Wirtschaftsverbänden diese knorrigen Unternehmertypen, die der Politik mit ihren ordnungspolitischen Vorstellungen regelrecht ins Gesicht gesprungen sind. Heute hat man oft den Eindruck, dass Topmanager und die großen Wirtschaftsverbände sich mit besonderer Geschmeidigkeit der Politik nähern, um hier noch einen reduzierten Mehrwertsteuersatz rauszuholen oder dort eine Knebel-Regelung abzumildern. Hat Deutschland ein Duckmäuser-Problem?

Widerspruch, Euer Ehren! Vor einiger Zeit habe ich an einer Veranstaltung in Köln teilgenommen, auf der der CEO der Telekom, Timotheus Höttges, der Politik vor großem Publikum ganz gehörig die Leviten gelesen hat. Nicht nur beim Thema Dauer der Planungs- und Genehmigungsverfahren. Es scheint im Zuge der Wirtschaftskrise wieder etwas mehr Klartext in Mode zu kommen. Gut so!

Ansonsten ist es schon erstaunlich, wie viele CEOs von Großunternehmen, aber auch führende Verbandsvertreter, sich mittlerweile mit Subjekt – Prädikat – Objekt schwertun – obwohl sie genau das von der Politik erwarten.

Anders Wolfgang Grupp, Chef von TRIGEMA. Der ist so einer, der immer direkt und unverblümt das sagt, was er denkt. Das muss inhaltlich nicht jedem gefallen, aber er hebt sich wohltuend vom Sprachgebrauch anderer ab. Bei ihm muss man nie raten, was er eigentlich sagen wollte.

Vielleicht nutzen viele eher verhaltene Formulierungen, weil man es sich mit der aktuellen Regierung nicht verderben möchte. Man weiß ja nie, ob man sie noch einmal braucht …

Einige Wirtschaftsverbände suchen sich eigens Politiker der Grünen für ihre Spitzenjobs, weil sie sich davon Vorteile bei den Grünen-Ministern der Bundesregierung erhoffen.

Beim Ergattern von Führungsposten in Großunternehmen oder Verbänden sind Grüne ganz weit vorne. Manche Unternehmen denken vielleicht: «Wenn ich mir jetzt Grüne an Bord hole, dann stimmt die Ökobilanz.» Das ist so ähnlich, wie mit dem Porsche zum Wahllokal zu fahren, um dann dort bei den Grünen sein Kreuz zu machen. Da fährt man mit dem guten Gefühl nach Hause, umweltgerecht zu leben: «Meine persönliche Ökobilanz ist trotz eines PS-starken Verbrenners okay.»

Ich habe nicht ohne Grund auch Bildung mit in den Reigen der Notstandsbaustellen aufgenommen. Die Klage ist ja nicht neu, dass die deutsche Bildungspolitik Probleme hat, nicht erst seit den PISA-Studien. Der frühere SPD-Innenminister Otto Schily hat mal gesagt: Wer Musikschulen schließt, gefährdet die Innere Sicherheit. Hat er recht?

Gemeint hat er sicherlich nicht: Wer kein Instrument beherrscht, wird sehr wahrscheinlich kriminell. Gemeint war wohl: Auch eine gute kulturelle und musikalische Bildung kann den Bildungshorizont erweitern, den Blick weiten, den Lebensinhalt zum Positiven hin verändern. Da stimme ich ihm gerne zu.

Die sozialisierende Wirkung von musikalischer Ausbildung und gemeinsamem Musikmachen kann man wahrscheinlich gar nicht überschätzen.

So ist es. So wichtig klassische Fächer wie Deutsch, Mathematik, Fremdsprachen und die Naturwissenschaften auch sein mögen, dieses Bildungsangebot sollte komplettiert werden, eben auch durch musische Angebote und nicht zuletzt den Sport.

Bildung ist aber auch deshalb ein Thema, weil der Föderalismus in der Bildung ja seit Jahr und Tag diskutiert wird.

Eigentlich war es so gedacht, dass man eine Art Wettbewerb hat und sich dann an den Besten orientiert. In der bundesdeutschen Realität sieht es aber so aus, dass Bayern seit siebzig Jahren CSU-regiert ist und seit siebzig Jahren Spitze in den Bildungswettbewerben und dass Bremen seit siebzig Jahren SPD-regiert ist und seit siebzig Jahren Schlusslicht. Mit anderen Worten: Der Wettbewerb funktioniert nicht. Man lernt einfach nicht von den anderen im real existierenden Föderalismus.

Kein Land hat so viele für Bildung zuständige Ministerien wie Deutschland. Kein Land vergleichbarer Größe hat in diesen Häusern so viele für Bildung zuständige Mitarbeiter wie Deutschland. Da sollte man meinen, bei den PISA-Studien hätten andere Staaten keine Chance gegen unser Bildungsniveau.

Die jüngste Studie hat erneut gezeigt, dass das Gegenteil der Fall ist. Wünschenswert wäre eine Vereinheitlichung der Bildungsstandards und -bemühungen auf einem hohen Niveau. Auch der Vergleichbarkeit der Bildungsergebnisse im Inland wegen. Danach gefragt, werden alle Länder sagen, ganz gleich, wie sie politisch geführt werden, dass sie im Prinzip überhaupt nichts gegen weitere Vereinheitlichungen hätten – es müssten sich nur die anderen fünfzehn Länder in dieselbe Richtung bewegen. Einfach mal von den Besten lernen!

Deutschland ist ein rohstoffarmes Land. Wer nix im Boden hat, muss was in der Birne haben. Die beste Zukunftsinvestition ist diejenige in die Köpfe unserer Kinder: Bildung, Bildung, Bildung.

Deutschland ist ein rohstoffarmes Land. Wer nix im Boden hat, muss was in der Birne haben.

Sie selbst haben einen nicht nur für einen Politiker recht unkonventionellen Karriere- und Bildungsweg hinter sich. Sie haben erst eine Lehre zum Einzelhandelskaufmann gemacht, das Abitur später nachgeholt, haben dann Jura studiert, waren Rechtsanwalt und gingen schließlich in die Politik. Hat sich das einfach so ergeben oder gab es einen Plan? Was hat Sie angetrieben?

Die Freude an der Arbeit und die Lust, die mir übertragenen Aufgaben bestmöglich zu erfüllen. Ich habe das nie als Last, eher als Ansporn empfunden.

Ich war im ersten Leben Einzelhandelskaufmann und Supermarktleiter, habe schon früh Verantwortung getragen und glücklicherweise dabei gutes Geld verdient, was ich nicht sofort verjubelt habe. Das hat mir später die Möglichkeit der Weiterbildung eröffnet, ohne meinen Eltern auf der Tasche zu liegen. Zuerst zum staatlich geprüften Betriebswirt. Dort kam ich erstmals mit Wirtschaftsrecht in Kontakt, mit Arbeits-, Handels- und Gesellschaftsrecht. Dann machte es bei mir «Klick» und ich wusste, ich möchte nicht mehr in den Handel zurück, sondern Jura studieren und Anwalt werden. Dazu brauchte man das sogenannte Vollabitur, inklusive kleinem Latinum. Mit fünfundzwanzig lernt man aber nicht mehr so gut wie mit fünfzehn, sechzehn – da war ich froh, eine Schwester zu haben, die auf dem Gymnasium Latein unterrichtete.

Trotzdem sind Sie am Ende in die Politik gewechselt, obwohl man als Anwalt ja eigentlich gutes Geld verdienen kann und auch einen sehr abwechslungsreichen Job hat. Was ist denn der Vorzug der Politik gegenüber dem Dasein als Anwalt?

Während ich zunächst das Abitur nachgeholt und später dann Jura studiert habe, ergab sich für mich die Möglichkeit, für meinen Vorgänger im Wahlkreis, Franz Heinrich Krey MdB, viele Jahre als Referent zu arbeiten. Damals kein Problem, weil der Bundestag ja noch in Bonn tagte. Also habe ich vormittags Vorlesungen besucht, nachmittags für meinen MdB gearbeitet und abends gebüffelt. Geht alles, wenn man will.

Die Leidenschaft für die Politik habe ich wohl meinem Vater zu verdanken, der war politisch sehr interessiert und immer top informiert. Ich war schon fast zwanzig Jahre kommunalpolitisch aktiv, als sich mir die Chance bot, selbst ein Mandat zu erringen. Natürlich war mir klar, dass ich dann nur noch sporadisch als Anwalt würde tätig sein können, zumal ich wusste, dass knapp sechs Jahre später der Umzug des Bundestages von Bonn nach Berlin anstand. Letztendlich hat die Leidenschaft für die Politik den Ausschlag gegeben. Heute bin ich wieder mehr anwaltlich im Einsatz.

Darauf würde ich gern später noch zu sprechen kommen, weil das natürlich sehr spannend ist, wie das so ist, wenn man in der Politik erstmals hauptamtlich einsteigt. Haben Sie denn beim Nachmachen des Abiturs irgendetwas gelernt, bei dem Sie gedacht haben, das bringt mich jetzt aber weiter?

Das Interessante war für mich das Erlernen der lateinischen Sprache, verbunden mit dem Eintauchen in die Welt des Römischen Reiches. Im Grunde war es eine Kombination von Spracherwerb und Geschichtsunterricht. Unser Lateinlehrer, ein Herr Müller, wäre heute sicherlich traurig, wenn ich ihm gestehen müsste, dass bei mir von diesem Unterricht nicht viel hängen geblieben ist. Leider!

Anders als Franz Josef Strauß haben Sie später aber der Versuchung widerstanden, Reden ständig mit lateinischen Zitaten zu würzen …

Abgesehen davon, dass seine Lateinkenntnisse mit Sicherheit besser waren als meine, war – und ist – es mir immer ein Anliegen, von allen Menschen verstanden zu werden. Auch ohne vertiefte Kenntnisse der lateinischen Sprache.

Schwarz, Grün, Blau …

Eine politische Farbenlehre

Der CDU-Abgeordnete Knut Abraham hat mir im Interview gesagt, die Union würde so wahrgenommen, als ob auch sie *die grüne Lebensweise übernommen hätte. Kann da was dran sein?*

Dass das in der Vergangenheit so wahrgenommen wurde, glaube ich gerne. Schließlich gibt es ja auf Länderebene auch eine Reihe von schwarz-grünen Bündnissen, die jedenfalls nach außen ganz gut zu funktionieren scheinen.

Die Lage hat sich allerdings seit einem knappen Jahr geändert: In Bayern hat Ministerpräsident Söder im Wahlkampf keine Bäume umarmt, sondern aus guten Gründen vor einem Erstarken der Grünen gewarnt, sie als Hauptgegner ausgemacht. Und eine Koalition mit den Grünen kam für ihn nie infrage.

In Hessen hat die dortige CDU ihren bisherigen Koalitionspartner, die Grünen, gegen die SPD ausgetauscht. Das neue CDU-Grundsatzprogramm schärft das bürgerlich-konservative Profil der Union und ist definitiv keine Anbiederung an den Zeitgeist, der nur scheinbar grün daherkommt.

Dennoch bleibt richtig, dass die Grünen sehr früh und so

konsequent wie kaum eine andere Partei die Themen Natur- und Umweltschutz, Klimapolitik und Umkehr in der Energiepolitik besetzt haben. Themen, die eine immer stärkere Bedeutung und Beachtung gefunden haben.

Da muss sich die CDU fragen, ob sie nicht doch die politische Relevanz dieser Themen einige Jahre lang unterschätzt hat. Herbert Gruhl, Autor des Buches «Ein Planet wird geplündert», war in der Union doch eher ein Außenseiter als ein politischer Trendsetter. Sein Werk erschien schon 1975, also vor fast vierzig Jahren! Zeit genug, um ihm und seiner politischen Mission mehr Beachtung zu schenken.

Die Grünen neigen allerdings zur Übertreibung. Anstelle von politisch-pragmatischen Lösungen, orientiert an den realen Bedingungen, unter denen nun mal jede Regierung arbeiten muss, und bemüht um eine breite Akzeptanz ihrer Politik in der Bevölkerung, wollen sie unbedingt das durchsetzen, was die Basis irgendwann einmal beschlossen hat. Mögen sich die Zeiten auch ändern, die Aufgaben und Herausforderungen heute ganz andere sein als früher – wir halten Kurs! Auch wenn dieser von einer breiten Mehrheit und sogar etwaigen Koalitionspartnern kritisch gesehen wird. Dann müssen sich halt alle anderen an den Grünen orientieren – doch nicht etwa umgekehrt!

Dieser Politikstil hat schon fast etwas Religiöses, um nicht zu sagen Sektenhaftes. Wir sind im Besitz der Wahrheit, Abweichungen lassen wir nicht zu! Ein politisches Erfolgsmodell ist das nicht. Grüne Kanzlerkandidaten mit Siegeschancen waren schon immer mehr etwas für das Feuilleton als für den politischen Praxistest.

Die ersten hauptamtlichen Umweltminister kamen allerdings von der Union, u. a. Walter Wallmann in Hessen. Könnte es nicht sein, dass die Union diesen Kampf um das Prädikat Umwelt-Partei gar nicht gewinnen kann, weil ein romantisierendes Naturbild, wie es die Grünen predigen, und dieses «Kröten-über-die-Straße-Tragen» in jedem Falle emotionaler und romantischer ist als der nüchterne und realistische Ansatz vom Naturschutz, wie ihn die Union vertritt? Wenn man zum Beispiel weiß, dass beim Bau einer Autobahn bestimmte Tiere eine Zeit lang nicht da sind, aber dann später wiederkommen, klingt das viel hartherziger, als wenn man sagt: Wir müssen die Bäume retten und uns für den Uhu an der Straße festkleben ...

Die Union geht in der Regel die Dinge eher nüchtern und pragmatisch an als mit viel Pathos und noch mehr Emotionen. Da könnten wir mit der Konkurrenz tatsächlich nicht mithalten. Nicht mit der SPD, die den Sozialstaat in Gefahr sieht, wenn das Lohnabstandsgebot, also der Abstand zwischen staatlichen Transferleistungen und durchschnittlichen Erwerbseinkommen, nicht immer geringer wird. Nicht mit den Grünen, die den Eindruck erwecken, nur sie allein könnten Deutschland, Europa und den Planeten vor negativen Folgen des Klimawandels bewahren. Nicht mit der FDP, die den Rechtsstaat am Abgrund sieht, wenn die Strafverfolgungsbehörden die Instrumente bekommen, die sie nicht haben, aber dringend benötigen, um Straftaten effektiver verhindern oder aufklären zu können, Beispiel Speicherung von dynamischen IP-Adressen.

Fakt ist aber auch, dass in den letzten Jahren immer

mehr Themen das öffentliche Bewusstsein erreichen, die von Natur aus nicht nur eine nüchtern sachliche, sondern durchaus auch eine emotionale Konnotation haben, wie z. B. eine gesündere Ernährung.

Höre ich da ganz zarte schwarz-grüne Sympathien heraus?

Im persönlichen Umgang gibt es nicht wenige Grüne, die mir durchaus sympathisch sind. Aber die politischen Schnittmengen zwischen Schwarz und Grün sind – jedenfalls auf Bundesebene – meiner festen Überzeugung nach noch nicht einmal annähernd groß genug für eine tragfähige Koalition. Es geht bei Koalitionen ja nicht in erster Linie um die Frage, ob die potenziellen Koalitionäre eine genügend hohe Zahl von Abgeordneten zur Mehrheitsbildung haben, sondern ob der Fundus an politischen Gemeinsamkeiten für die gesamte Dauer einer Wahlperiode groß genug ist. Das ist jedenfalls jetzt und in absehbarer Zeit im Hinblick auf die Grünen nicht der Fall. Die viel zitierte «Versöhnung von Ökonomie (Union) und Ökologie (Die Grünen)» ist eher was für Politologen als für pragmatisch und realistisch denkende Politiker – auf beiden Seiten.

> Die viel zitierte «Versöhnung von Ökonomie (Union) und Ökologie (Die Grünen)» ist eher was für Politologen als für pragmatisch und realistisch denkende Politiker.

Es gibt bei den Strategen in der Union die Befürchtung, dass die großen Volksparteien mit ihren eher pragmatischen Programmen zerrieben werden zwischen den Grünen und der AfD. Die AfD ist stark, weil sie ganz klar kontra ist; wenn man abrechnen will, einen ganz grundlegenden Wechsel der Politik will, dann wird man AfD wählen. Und bei den Grünen, so ist die Theorie, ist der Ideologiebestand so zäh und verfestigt, dass – selbst, wenn sie gerade extrem unbeliebt sind – es immer noch einen festen Bestandteil von neun bis zwölf Prozent gibt, die fest hinter den Grünen stehen. Sehen Sie das auch so?

Die gewachsene Zustimmung zur AfD hat im Wesentlichen zwei Gründe: die Flüchtlingspolitik seit September 2015 und die Politik der Ampelkoalition. Im Grunde muss die AfD nicht viel tun, denn schon der wachsende Unmut über die Folgen anhaltend hoher Migration mit allen damit verbundenen Problemen und die politische Performance der Ampel sorgen für Zulauf – aus Protest.

Wer das bezweifelt, der möge sich bitte mal die jüngsten Wählerwanderungen ansehen. So hat die AfD bei der letzten Wahl zum Berliner Abgeordnetenhaus allein von SPD und den Linken 11 000 Stimmen hinzugewonnen. Nicht aber von der CDU! Soll mir keiner sagen, dass die ehemaligen SPD- und Linken-Wähler über Nacht zu strammen Rechtsextremisten geworden sind. Das ist Wahlverhalten aus Protest. Natürlich gibt es in den Reihen der AfD stramme Rechtsextremisten und die Partei gibt immer mehr Anlass, daran zu zweifeln, dass sie *nicht* zu viele Rechtsextremisten in ihren Reihen hat; aber das erklärt

> Bei den Grünen gibt es einen harten Kern von Fans, denen das grüne Weltbild so sehr am Herzen liegt, dass sie selbst dann noch grün wählen würden, wenn sich die Folgen dieser Politik als nachhaltig negativ erweisen würden.

nicht den wachsenden Zuspruch, vor allem in den neuen Ländern.

Bei den Grünen gibt es in der Tat einen harten Kern von Fans, denen das grüne Weltbild so sehr am Herzen liegt, dass sie selbst dann noch grün wählen würden, wenn sich die Folgen dieser Politik für unser Land als nachhaltig negativ erweisen würden. Dann läge das nach deren Verständnis nicht an verfehlter Politik, sondern an einer falschen Wirklichkeit. Dann müsste sich halt die Realität der grünen Ideologie anpassen. Ganz im Gegenteil, noch mehr grün wäre jetzt das Gebot der Stunde. Frei nach dem alten Kalauer: Als sie erkannten, dass sie auf dem falschen Weg waren, verdoppelten sie das Tempo.

Unter Sportlichkeitsgesichtspunkten kann ich diesen Respekt verstehen. Wenn man allerdings – wie ich – an einem solchen Experiment unfreiwillig teilgenommen hat, würde man das nächste gern auslassen. Grünen-Chefin Ricarda Lang hat unlängst beim Kongress der Grünen Jugend gesagt, man müsse zu einer anderen Form von Eigentum kommen, bei dem sich nicht nur der Besitzer eines Unternehmens für den Gewinn interessiere, sondern ein kollektives Eigentum schaffen, bei dem sich die Belegschaft auch verantwortlich fühlt für den

Produktionszweck … Und da höre ich dann schon wieder die sozialistische Nachtigall trapsen und wundere mich, warum offenbar im Zyklus von gut dreißig Jahren die einmal widerlegten Ideen der Vergangenheit schon wieder als vermeintliche Zukunft in Umlauf gebracht werden. Ein nachhaltiger Erkenntniszuwachs scheint aus dem Scheitern des realen Sozialismus nicht erwachsen zu sein.

Ricarda Lang hat das mit Sicherheit gesagt, weil sie damit die Herzen der Parteijugend erwärmen kann. Ich glaube nicht, dass sie das auf einem anderen Parteitag oder gar vor laufenden Kameras in dieser Form wiederholen würde. Es ist der immerwährende Glaube, dass die Planwirtschaft oder irgendeine Spielart des Sozialismus der Marktwirtschaft doch überlegen sei. Ricarda Lang wird allerdings kein einziges Land in der Welt nennen können, wo das, was sie da propagiert, zu politischem Erfolg und gesellschaftlichem Wohlstand geführt hat. Dieser Frage weicht man immer aus, weil man es ja besser machen will als alle, die gescheitert sind. In der DDR hätte sie früher mit einer solchen Rede auch an offiziellen Stellen großen Zuspruch bekommen.

Mich beeindruckt dann allerdings immer die Chuzpe, so etwas öffentlich vorzutragen, ohne sich vorher wenigstens oberflächlich mit dem Thema beschäftigt zu haben. Experimente mit gesellschaftlichem Eigentum sind ja nun wirklich reichlich unternommen worden, bis hin zu Mischformen wie im früheren Jugoslawien, wo man festgestellt hat, dass die Belegschaft, die daran beteiligt war, die erwirtschafteten Gewinne lieber aus-

gezahlt bekommen wollte, als zu reinvestieren. Und nach drei Jahren waren die Maschinen veraltet. Damit kann man sich ja beschäftigen, aber man hat immer den Eindruck, dass da eine sehr naive Vorstellung einfach mal vorgetragen wird, unbeschadet der historischen Erfahrungen, die es schon gegeben hat.

Ja, das erinnert mich an das, was in den 70er-Jahren plakatiert wurde: Löhne rauf und Mieten runter. Also muss ich sagen, wenn ich das als Mieter lesen würde, würde ich sagen: Das ist doch prima. Nur steht dahinter natürlich der Gedanke, dass die Miete nicht zwischen Mieter und Vermieter ausgehandelt werden muss und der Lohn auch nicht zwischen den Tarifvertragsparteien, sondern der Staat sollte das von oben befehlen. Leider funktioniert das nicht, weil die volkswirtschaftliche Rechnung am Ende nicht aufgeht.

Das konnte man am eigenen Leib in der DDR im Wohnungsbestand erleben. Meine erste Wohnung 1989 hatte noch einen Badeofen, der mit Kohle beheizt wurde, und der Kachelofen brach fast zusammen …

Wie erleben Sie denn die aktuelle Ampel-Bundesregierung insgesamt? Sie waren selbst lange Zeit im Regierungsbetrieb mittendrin.

Ich bin jetzt einundfünfzig Jahre politisch aktiv. Ich kann mich nicht an eine Zeit erinnern, in der die Bundesregierung einmal einen so zerstrittenen, aber auch plan- und teilweise sogar hilflosen Eindruck hinterlassen hat.

Das Interessante ist, dass die FDP im Grunde als Opposition in der Regierung agiert. Bei dem sogenannten Heizungsgesetz war das ganz offensichtlich. Da wurde mittwochs im Kabinett der Gesetzentwurf beschlossen, der FDP-Chef und Finanzminister stimmte zu, erklärte aber, dass das Gesetz im Bundestag grundlegend verbessert werden müsse, und wenige Tage später wurde auf dem FDP-Parteitag verkündet, dass das Gesetz in dieser Form auf keinen Fall in Kraft treten dürfe. Da müssten noch erhebliche Veränderungen vorgenommen werden.

> Ich bin jetzt einundfünfzig Jahre politisch aktiv. Ich kann mich nicht an eine Zeit erinnern, in der die Bundesregierung einmal einen so zerstrittenen, aber auch plan- und teilweise sogar hilflosen Eindruck hinterlassen hat.

Nun haben wir zwanzig Wahlperioden seit dem Krieg hinter uns. Wir haben einmal eine absolute Mehrheit gehabt (Union 1957 bis 1961), ansonsten immer Koalitionen. In den letzten Jahrzehnten bestanden diese in der Regel aus zwei Parteien, wenn man CDU und CSU mal als Einheit sieht.

Jetzt haben wir auf Bundesebene eine Koalition zwischen drei Parteien. Das ist immer eine wackelige Angelegenheit, zumal diese Parteien in Berlin Einigkeit demonstrieren und zusammenarbeiten müssen, aber gleichzeitig bei jeder Landtagswahl als Konkurrenten antreten, wie zuletzt bei den Landtagswahlen in Hessen und Bayern. Und da profiliert man sich nicht nur gegenüber der Opposition, sondern auch gegenüber den Koalitionspartnern hier in

Berlin. Das führt schon zu Reibereien, zumal es ja zwischen den politischen Vorstellungen der FDP und denen der SPD und der Grünen große Unterschiede gibt.

FDP-Chef Christian Lindner hat mal gesagt: Besser nicht regieren als schlecht regieren. Da fragt man sich doch verständlicherweise: Warum macht er es dann trotzdem?

Aber wie kann man sich diese handwerkliche Stümperei erklären? Zumindest die SPD hat ja lange Jahre mit der Union zusammen regiert. Dass die handelnden Akteure keine Regierungserfahrung im Administrieren haben, kann also eigentlich nicht der Grund sein. Bei den Grünen vielleicht schon eher. Könnte es daran liegen, dass gerade von den Grünen in den Ministerien die Fachbeamten sehr gründlich ausgetauscht und durch eigene Gefolgsleute mit der «richtigen» Denke, aber wenig Erfahrung ersetzt wurden?

Es ist natürlich schwierig, bei einem proklamierten Politikwechsel, bei einer sogenannten Politikwende um 180 Grad, diesen gesamten Beamtenapparat in den Häusern mitzunehmen. An der Spitze gibt es bei einem Regierungswechsel unter den politischen Beamten immer einen Wechsel und es hängt an der politischen Klugheit des Ministers, ob er diejenigen Fachleute behält, die durch ihre Erfahrung nicht so schnell zu ersetzen sind.

So hat Finanzminister Christian Lindner Werner Gatzer richtigerweise als Haushaltsstaatssekretär behalten, obwohl er nicht Mitglied der FDP ist, sondern der SPD. Aber Gatzer ist über das Finanzministerium hinaus auch in anderen Ressorts ein anerkannter Fachmann. Deswegen war es klug, dass sich Christian Lindner bei seinem Amtsantritt nicht von ihm getrennt hat. Inzwischen ist das anders.

Dass Fachabteilungen in den Häusern massive Bedenken äußern gegen bestimmte politische Entscheidungen, die an der Spitze des jeweiligen Ministeriums getroffen werden sollen, ist nichts Besonderes. Neu ist, dass dieser Widerstand ziemlich ungeschminkt in die Öffentlichkeit kommt und dass dann ganz offenkundig wird, dass es auf den Fachebenen erhebliche Zweifel an der Klugheit der Ministerentscheidungen gibt.

Die Stümperhaftigkeit der Regierung sticht aber auch deshalb hervor, weil sie sich selbst das Etikett der «Fortschrittskoalition» gegeben hat nach dem Motto: «Wir wissen es besser, wir sind die Zukunft. Bisher war alles düster und reaktionär, durch uns wird es jetzt Licht.» Diese Selbstüberhebung stößt ungut auf. Im Grunde sind die drei Parteien angetreten mit einer Zusage an die Bevölkerung, dass jetzt die Zeit des Schwarz-Weiß-Fernsehens vorbei ist. Jetzt kommt alles nur noch in Stereo und in Farbe. Jetzt beginnt eine neue Zeit.

Das hat mich an 1998 erinnert, als die Regierung Helmut Kohl abgelöst wurde durch ein rot-grünes Bündnis. Ich weiß noch, wie die Protagonisten Gerhard Schröder, Oskar Lafontaine und Joschka Fischer der Öffentlichkeit gegenübergetreten sind mit feixenden Mienen und einem Gestus, als habe man ihnen berechtigterweise die Geschichte, das Schicksal des Landes in die Hände gelegt.

Es hat damals noch nicht einmal zwei Wahlperioden gedauert, da war die rot-grüne Koalition am Ende. Es gab in Nordrhein-Westfalen einen Regierungswechsel, Jürgen

Rüttgers wurde Ministerpräsident, und kurz nach 18 Uhr hat der damalige SPD-Generalsekretär Franz Müntefering Neuwahlen ausgerufen mit dem Ergebnis, dass wenige Monate später Angela Merkel Bundeskanzlerin wurde.

Es ist ja auch 2021 der Eindruck erweckt worden, durch die Grünen beginnt ein neues Zeitalter. Die Grünen haben schon einmal mitregiert, 1998 bis 2005. Damals hat man keine zwei Wahlperioden geschafft, aber immerhin sieben Jahre durchgehalten. Jetzt ist es der Koalition, wiederum unter Beteiligung der Grünen, schon nach zwei Jahren gelungen, das Land vor die Wand zu fahren.

Die Frage ist, ob das ein schöner Erfolg ist … Beim Wirtschaftsminister hat man mehrfach öffentlich den Eindruck gehabt, er habe schlichtweg von der ihm anvertrauten Materie keine Ahnung. Sehen Sie das auch so?

Na ja, dass Robert Habeck die Reinkarnation eines Ludwig Erhard sein würde, hat sicherlich noch nicht einmal er selbst geglaubt. Auch mit Karl Schiller oder Otto Graf Lambsdorff wird er nicht in einem Atemzug genannt werden. Dass Ministerien gelegentlich fachfremd besetzt werden, das ist keine Erfindung der Ampel. Aber wenn du selbst nicht vom Fach bist, dann kommt es ganz entscheidend darauf an, dass dir in den Häusern fachlich erfahrene, kompetente Leute zuarbeiten, dass du also nicht hauptsächlich auf die Abteilung *Family & Friends* setzt, sondern auf Expertise.

Wenn ein Politikfeld wie beispielsweise die Energiepolitik nicht in erster Linie nach sachlich-fachlichen Aspekten bearbeitet wird, sondern nach parteipolitischen, dann darf man sich nicht wundern, wenn sich die Probleme stapeln.

Ein besonders eindrucksvolles Beispiel für schlechtes politisches Handwerk lieferte die Ampel rund um den dritten Advent des Jahres 2023 ab. Noch wenige Tage zuvor hatten sich die Koalitionäre gegenseitig für ihre Einigung über den Bundeshaushalt für 2024 gelobt: Wieder einmal war es der Ampel, natürlich nach eigenen Angaben, gelungen, eine schwere Haushaltskrise meisterhaft zu lösen – und schon fing der Ärger an.

Grund hierfür waren zwei Entscheidungen des Ministers für Wirtschaft und Energie, die zwangsläufig auf Kopfschütteln, Unverständnis und Protest stießen. Auch in eigenen Reihen. Hatte doch Habeck handstreichartig sowohl Hals über Kopf eine rapide Änderung der staatlichen Förderung von E-Autos verkündet als auch eine Streichung von Steuervergünstigungen für die Landwirtschaft.

Kaum war dies verkündet, gab sein Parteifreund, Landwirtschaftsminister Cem Özdemir, öffentlich zu Protokoll, dass das mit ihm nicht zu machen sei, und SPD-MdBs protestierten gegen die schlagartige Streichung der Förderung von E-Automobilen. Offenbar hatte man wenigstens in den Reihen dieser Abgeordneten schon etwas von Vertrauensschutz gehört.

Was folgte, war nicht nur die zu erwartende Kritik der Opposition, sondern auch eine Spontandemonstration der Landwirte in Berlin in einer Größenordnung, die das Land bis dahin nur selten erlebt hatte. Und weil natürlich auf keinen Fall der Eindruck entstehen sollte, als sei für dieses PR-Debakel der Finanzminister auch nur ganz peripher verantwortlich, ging Christian Lindner beeindruckend schnell in Deckung – er sei offen für Änderungen, für andere, bessere Vorschläge.

Da stellten sich nicht nur der Opposition und kritischen Journalisten viele Fragen: Hatte man in den zuständigen Ressorts die Pläne überhaupt eingehend erörtert, inklusive aller einhergehenden Folgen? Gab es überhaupt irgendeine Art der Abstimmung zwischen den Parteifreunden Habeck und Özdemir oder war das ein Schuss aus der Hüfte aus dem Hause Wirtschaft & Klima? Hatte man mit Protest gerechnet, aber fälschlicherweise geglaubt, der Sturm der Entrüstung würde sich rasch legen? Wurden überhaupt irgendwelche Alternativen geprüft, und wenn ja – welche? Oder hatte Habeck nach dem schlichten Motto «Irgendwas muss ich ja machen!» einsam und allein entschieden?

> Leider ist «Zurückrudern» keine olympische Disziplin – gegen die Ampel hätte niemand eine Chance.

Der Rest ist Geschichte. Hätte man nicht vom Heizungsgesetz-Debakel lernen müssen? Hätte, hätte, Fahrradkette, würde dazu wohl Peer Steinbrück sagen.

Leider ist «Zurückrudern» keine olympische Disziplin – gegen die Ampel hätte niemand eine Chance.

Es geht an dieser Stelle nicht in erster Linie um die geplanten Maßnahmen selbst – fraglich genug –, es geht um die Art und Weise, wie die Ampel Politik macht oder zumindest glaubt, gute Politik machen zu können. Wer regelmäßig attestiert bekommt, auf dem Holzweg zu sein, ist gut beraten, nach neuen Pfaden Ausschau zu halten.

Das Thema der Qualifikation von Politikern begegnet einem allerdings bei vielen Gesprächen mit normalen Leuten: Warum müssen die keine Prüfungen ablegen und dürfen das Land steuern, während ich als Klempner, wenn ich durchfalle, nicht mal eine Muffe festziehen darf? Thüringen hat den Versuch unternommen, ein Gesetz auf den Weg zu bringen, das mindestens eine abgeschlossene Berufsausbildung für Politiker als Voraussetzung formuliert. Es ist umstritten, ob das funktioniert, weil es ein Eingriff ins freie Mandat ist. Ist das eine gute Idee? Woran erkennt man eigentlich einen guten Politiker?

Eine gute Frage, die vermutlich jeder anders beantworten würde. Entscheidend ist, dass man den Anforderungen an das Amt in jeder Hinsicht gewachsen ist: fachlich und persönlich. Dass man die übertragenen Aufgaben bestmöglich erfüllt und nicht zuletzt den Erwartungen der Wählerschaft gerecht wird. Dazu müssen Eigenschaften wie Glaubwürdigkeit, Authentizität und so altmodische Dinge wie Fleiß und Haltung kommen. Oft belächelt, aber gerade jetzt wichtiger als zuvor. Wichtiger, weil die Politik von Tag zu Tag von Millionen kritischer betrachtet und begleitet wird, und das gilt für Regierung und Opposition gleichermaßen.

Bei vielen politischen Ämtern und Mandaten fragen die Leute doch zu Recht: «Oha. Da sehe ich nichts von einer abgeschlossenen Berufsausbildung, nichts von einem erfolgreich beendeten Studium und schon mal gar nichts von hinreichender Erfahrung in einem Beruf in der freien Wirtschaft. Woher nimmt er den Glauben, den Wahlkreis gut vertreten oder sogar das Land gut regieren zu können?» Solche Fragen sind legitim. Und je schlechter das politische Handwerk ausgeübt wird, desto häufiger und lauter werden sie gestellt.

Niemand würde sich von einem «Arzt» behandeln lassen, der freimütig bekennt, er habe zwar keine Medizin studiert, aber hohes Interesse an diesem Fachgebiet und würde sich daher voller Elan den Patienten widmen. In der Politik hat längst eine souverän vorgetragene Meinung mindestens so viel Gewicht wie fachliche Ahnung, Erfahrung und Kompetenz.

Zu ändern ist das nicht, denn für das aktive wie für das passive Wahlrecht gilt grundsätzlich: Volljährigkeit und deutsche Staatsangehörigkeit, die konkrete Personalauswahl obliegt dann den Wählerinnen und Wählern. Nur der Bundespräsident sollte schon ein paar Kilometer mehr auf dem Tacho haben, hier beträgt das Mindestalter vierzig Jahre.

Es gibt ja den berühmten Kalauer: Kreißsaal, Hörsaal, Plenarsaal. Soll heißen: keine Berufserfahrung, aber das Land regieren wollen! Wer mit Mitte oder Ende zwanzig in den Bundestag einzieht, der kann sicherlich über viel Enthusiasmus, Energie und noch mehr guten politischen Willen verfügen, aber darauf allein kommt es nicht an.

Oft, *zu* oft wird übersehen, dass es Dinge gibt, die man weder in der Schule lernen noch sich in einem Studium aneignen kann: Lebens- und Berufserfahrung. Oder Erfahrung im Umgang mit Mitarbeiterinnen und Mitarbeitern, kurzum: Führungserfahrung. Es ist auch ein Unterschied, ob man jeweils in einem wirtschaftlichen Wettbewerb gestanden hat oder nur in Parteien, Stiftungen oder in einem beamtenähnlichen Beruf tätig war. Zu den Erfahrungen, die man nicht zu gering schätzen sollte, gehören auch Niederlagen, Enttäuschungen, Fehler. Auch daraus kann man lernen.

> Jugend ist kein Verdienst und Alter keine Schande.

Wenn man das alles nicht besitzt, sieht man auch in der Politik vieles anders als diejenigen, die mit einem solchen Schatz an Erfahrungen politische Verantwortung tragen. Ältere haben da naturgemäß einen Vorsprung gegenüber jüngeren Personen, die nicht selten mit dem Argument antreten, sie müssten in besonderer Weise ge- und befördert werden, denn sie seien von Zukunftsentscheidungen stärker betroffen als die Oldies und ihnen gehöre schließlich die Zukunft. Das ist per se noch nicht einmal falsch, ersetzt aber nicht Kompetenz und Erfahrung. Im Übrigen gilt: Jugend ist kein Verdienst und Alter keine Schande. Und jeder Oldie war einmal jung, und jeder junge Mensch wird alt und älter. Das ist der Lauf der Dinge.

Täuscht der Eindruck oder ist es nicht inzwischen so, dass Jugendlichkeit mit Frische und neuen Ideen assoziiert wird und langjähriges Dabeisein eher ein bisschen abschätzig betrachtet wird?

So dürfte es sein. Nicht bei allen, aber bei vielen. Da gibt es die Vorstellung, dass es jetzt mal höchste Zeit wird für neue Ideen, neuen Schwung, die älteren würden doch zu sehr den Status quo bewahren und immer wieder in den alten Trott verfallen.

Ein anderes interessantes Phänomen der Ampel-Regierung scheint mir zu sein, wie unverblümt die Bundesregierung lupenreine hauptamtliche Lobbyisten zum Beispiel als Staatssekretäre eingestellt hat. Bislang galt das als unanständig …

Ganz neu ist das Phänomen vermutlich nicht und betrifft die Grünen mehr als SPD und FDP. Die Grünen haben traditionell einen sehr großen vorpolitischen Raum, der ihnen zugeneigt ist. Sogar in den Medien, namentlich im ÖRR. Das geht über den Fall Patrick Graichen und die «Agora Energiewende» hinaus. Wenn dann die Grünen nach sechzehn Jahren Abstinenz wieder Teil der Bundesregierung sind, dann will man diese Organisationen einbinden, wenn möglich nicht nur fachlich, sondern auch personell. Wer über viele Jahre hinweg für erneuerbare Energien und gegen die Kernkraft gearbeitet hat, der will dann auch die Früchte seiner Bemühungen ernten. Und zwar unabhängig davon, ob das zu diesem Zeitpunkt richtig oder fatal falsch ist.

Da wir schon über die Bundesregierung sprechen: Dort sticht besonders die Außenministerin ins Auge, weil sie halt weltweit präsent ist und viele Bilder produziert. Macht sie einen guten Job oder hat sie gar einen neuen politischen Stil etabliert? Eine Außenpolitik mit einem Attribut (feministisch) zu betreiben, ist immerhin ein neuer Ansatz.

Ich hätte mich wirklich gefreut, wenn mal ein Institut in der Bevölkerung eine Umfrage gestartet hätte mit dem Tenor: Was verstehen Sie unter «feministischer Außenpolitik»? Die Antworten hätten mich wirklich interessiert. Entweder wären sie kurz und knackig («Das kann ich Ihnen wirklich nicht sagen») oder Ricarda-Lang-mäßig ausgefallen, also sehr schnell und sehr voluminös, aber auch inhaltlich schwer verständlich.

Mir persönlich ist eine realistische Außenpolitik lieber als eine feministische, von der ich nicht weiß, wo und wie genau sie sich von einer realistischen – den Interessen des Landes dienenden – Außenpolitik unterscheiden soll.

Insgesamt bin ich bei Annalena Baerbock nicht selten hin- und hergerissen. Manchmal denke ich mir, und das nicht nur bei den berühmten Versprechern, «Um Gottes willen!», manchmal denke ich: «Alle Achtung, die traut sich was!»

Wo zum Beispiel?

Wie erwähnt, war es ein schwerer Fehler, öffentlich zu erklären, dass sich Deutschland mit Russland im Krieg befände. Die Ukraine wehrt sich seit über zwei Jahren verzweifelt gegen den Angriffskrieg Russlands und wir unterstützen sie dabei politisch, finanziell und militärisch – im Rahmen unserer Möglichkeiten. Es war von Anfang an klar und vernünftig, als Unterstützer der Ukraine, nicht aber als Kriegspartei zu agieren. Frau Baerbock selbst wird nicht glauben, dass dieser Satz zur Deeskalation beigetragen hat. Das aber war und wäre immer noch das Gebot der Stunde.

Oder aus den USA heraus, bei Fox News, den chinesischen Partei- und Staatschef als Diktator zu charakterisieren. Wenn sie glaubt, das hätte den Interessen Deutschlands gedient, dann irrt sie. Haben solche Sätze in Russland oder China auch nur zu einer klitzekleinen Verbesserung der angespannten Lage geführt? Nein!

Wenn unsere Außenministerin das Xi Jinping hinter verschlossenen Türen unter vier Augen sagt – okay. Dann könnte man wenigstens noch sagen: Hut ab, sehr mutig! Aber sie wird das garantiert nicht tun, denn es wäre nicht klug. Nicht politisch und nicht ökonomisch. Solche Aussagen jedoch aus der sicheren Entfernung von mehreren 1000 Kilometern zu machen, hat nichts mit Mut, sondern eher mit Übermut oder Selbstüberschätzung zu tun.

Auch hier gilt: Man sieht sich im Leben immer zweimal. Beide Länder sind ökonomisch in hohem Maße aufeinander angewiesen. Deutschland mehr auf China als umgekehrt. Man mag das bedauern, aber es ist so. Die Schere zwischen Im- und Exporten im China-Geschäft klafft immer weiter auseinander. Unser Handelsdefizit betrug 2022 über 84 Milliarden Euro. Tendenz steigend.

Die frühere Linken-Ikone Sahra Wagenknecht hat unter anderem sehr stark von dem schwierigen Verhältnis der Deutschen zum Ukrainekrieg profitiert. Welche Chancen räumen Sie einer Partei von Sahra Wagenknecht langfristig ein?

Politisch trennen uns Welten, aber dumm ist sie sicher nicht. Genau deshalb ist sie ja auch nicht bei den Wahlen in Hessen und Bayern angetreten, dort wäre sie mangels Organisation und geeignetem Spitzenpersonal krachend gescheitert. Das wäre ein ganz schlechter Start gewesen. Ich rechne damit, dass sie spätestens bei den Wahlen zum Europaparlament antritt. Für die Wahlkampfkostenerstattung muss sie mit ihrer Partei ja nicht die 5 %-Hürde überwinden, also wird tüchtig Geld in die Kasse kommen. Das hilft dann bei den Landtagswahlen des Jahres 2024 in Sachsen, Thüringen und Brandenburg.

Dort traue ich es ihr durchaus zu, die 5 %-Hürde zu überspringen, vor allem durch Zulauf von Protestwählern. Also Wählern, die eine Partei nicht aus politisch-inhaltlichen Gründen wählen, sondern aus Protest gegenüber den etablierten Parteien. Und «Gegen-die-oben» kann Sahra Wagenknecht bestimmt sehr gut, obwohl sie finanziell gesellschaftlich wohl eher oben als unten angesiedelt sein dürfte.

DER SPIEGEL hat vor zwanzig Jahren einmal süffisant darauf hingewiesen, dass die Unterkunft von Oskar Lafontaine von Genossen gerne als «Palast der sozialen Gerechtigkeit» verspottet wird. Gegen den Kapitalismus zu wettern, dürfte finanziell gar nicht so unrentabel sein. Ein interessantes Geschäftsmodell.

Ich empfehle in diesem Zusammenhang mal einen Blick auf die veröffentlichten Einnahmen aus Nebentätigkeiten der Abgeordneten Wagenknecht. Da kann ich nur sagen: Alle Achtung, Respekt, Respekt! Selbst Gatte Oskar dürfte da neidisch werden.

Vermutlich wird die Wagenknecht-Truppe Stimmen aus

allen Lagern einsammeln, aber wohl am meisten von ehemaligen AfD-Sympathisanten. Es gibt nicht wenige Positionen, bei denen Frau Wagenknecht und die AfD gar nicht so weit auseinanderliegen, siehe der Konflikt Russland–Ukraine oder das Thema Migration.

Die wanderungswilligen Wähler durchlaufen ja nicht das Parteienspektrum von links nach rechts oder umgekehrt, bis sie auf der anderen Seite angekommen sind. Vielmehr muss man sich dieses Spektrum wie ein Hufeisen vorstellen: Die beiden Ende des Eisens liegen relativ dicht beieinander, da ist der Sprung nicht schwer.

Auf Dauer gebe ich dem Bündnis Sarah Wagenknecht allerdings keine großen Chancen, denn Frau Wagenknecht wird von der Partei verlangen, dass diese sich zu 100 % ihren Vorstellungen anschließt. Und zwar völlig unabhängig davon, ob sie Vorsitzende ist oder nicht. Wenn eine Partei den Namen einer Person trägt, dann ist diese Partei mit allem, was sie hat, auf diese Person angewiesen. Wenn diese Person aber nicht mehr will – warum auch immer –, wird der ganzen Truppe der Stecker gezogen, dann wird es finster. Bewegung Sahra Wagenknecht ohne Sahra Wagenknecht wäre zwar lustig, aber zum Scheitern verurteilt.

Inhaltlich ist nicht klar, wogegen oder wofür *genau* sie antritt. Das ist noch alles ziemlich nebulös. Je konkreter sie ihre Ziele formuliert, desto spannender werden die Auseinandersetzungen.

Dass ich nach zweiundfünfzig Jahren Mitgliedschaft in der CDU einmal Mitleid mit der Linkspartei bekommen würde, hätte ich mir auch nicht gedacht. Im Gegensatz zu Gesine Lötzsch und Gregor Gysi hat Wagenknecht ja kein

Direktmandat zum Deutschen Bundestag errungen. Dort konnte sie nur deshalb einziehen, weil drei Parteifreunde ein Direktmandat geholt haben. Diesen fällt sie jetzt durch ihre Parteigründung in fataler Weise in den Rücken – möchte aber gleichzeitig ihr Abgeordnetenmandat behalten. Da andere Linken-MdBs mit ihr die Fraktion verlassen haben, hat die Rumpftruppe zwischenzeitlich ihren Status als Fraktion verloren.

Ob Frau Wagenknecht stolz darauf ist, denen in den Rücken gefallen zu sein, denen sie ihre Mitgliedschaft im Bundestag verdankt? Ich fürchte, ja. Genau deshalb wird sie keine Sekunde zögern, mit ihrer neuen Partei ähnlich zu verfahren, wenn die ihr nicht bedingungslos folgt.

Außerdem sollte man sich als Politiker nie persönlich überschätzen. 2020 wurde das «Team Todenhöfer – Die Gerechtigkeitspartei» gegründet. Ziel: die gewaltfreie, humanitäre Revolution. Jedenfalls bis jetzt ist von Revolution à la Todenhöfer nichts zu spüren. Die wird auch nie kommen. Eher wird Sahra Wagenknecht Ehrenmitglied der Linkspartei.

Die andere große Protestpartei, die einen beachtlichen Aufschwung hingelegt hat, ist die AfD, die inzwischen sowohl im Westen angekommen ist als auch im Osten Prozentmargen erreicht, zwischen zwanzig und dreißig Prozent, die man ihr vor Jahr und Tag überhaupt nicht zugetraut hätte. Kann es gut gehen, solche großen Wählergruppen so konsequent aus dem politischen Mess- und Regelsystem rauszuhalten, wie das bisher geschieht? Keinen Bundestagsvizepräsidenten, keine Ausschusschefs, keine Einladungen in öffentliche Talksendungen und eine viel beschworene «Brandmauer» der Union mit Blick auf jegliche Kooperation?

Diese Entwicklung kommt nicht von ungefähr. Leider haben sich die etablierten Parteien viel zu spät die Frage gestellt, welche Ursachen der AfD-Aufschwung hat. Von einer überzeugenden Beantwortung dieser Frage ganz zu schweigen. Stattdessen hat man sich darauf konzentriert – dort, wo dies möglich ist –, die AfD auszugrenzen, was einerseits nachvollziehbar ist, andererseits bei vielen den Eindruck hinterlassen hat, die anderen Parteien würden die Auseinandersetzung mit der AfD scheuen.

Ursprünglich war die AfD so eine Art Professorenprojekt: Es ist erstaunlich, wie viele akademisch gebildete Persönlichkeiten ganz am Anfang mit von der Partie waren.

Die Regierung Angela Merkel hat damals die umstrittene Euro-Rettungspolitik, die in Wahrheit ein Projekt zur Rettung überschuldeter Staaten in der südlichen Euro-Zone war, als «alternativlos» bezeichnet. Das war übrigens nicht die einzige politische Entscheidung mit dem Prädikat «alternativlos».

Für mich war Angela Merkels Satz: «Das ist alternativlos», immer fragwürdig, denn nichts ist alternativlos – außer der Wahrheit. Der sollten sich alle Politiker und Parteien immer verpflichtet fühlen. Alternative Wahrheiten gibt es nicht. Es sei denn, man käme auf die schräge Idee, eine Unwahrheit so zu deklarieren.

Wohl deshalb nannte sich die neue Partei «Alternative für Deutschland». Man wollte damit dokumentieren: Doch, es geht auch anders.

Rustikal formuliert: Namhafte Persönlichkeiten wie Prof. Lucke und der ehemalige BDI-Chef Hans Olaf Henkel wollten ein Lokal für ein eher bürgerliches Publikum eröffnen. Aber dann kamen immer mehr fragwürdige Gäste, deren politische Absichten mit den Zielen von Lucke und Henkel so viel gemein hatten wie die Putins mit Frieden und Demokratie. Und als sich dann immer mehr Springerstiefel an der Theke breitmachten, haben sie fluchtartig das Lokal verlassen.

Das war fast zeitgleich zur beginnenden Flüchtlingskrise im Spätsommer 2015, die sich über mehrere Monate hinzog. Auch die Grenzöffnung wurde ja als «alternativlos» bezeichnet und in der Folgezeit stieg parallel zu den Flüchtlingsströmen die Zustimmung zur AfD. Dies nicht zuletzt deshalb, weil es im Bundestag und in den Medien für diese Politik eine überwältigende Zustimmung gab. Kritische, warnende Stimmen waren nicht nur nicht erwünscht, sie wurden ruckzuck in die inhumane, rechte Ecke einsortiert. Draußen im Lande stieg allerdings von Tag zu Tag die Sorge, dass die Aufnahme- und Integrationskraft des Landes überdehnt würde, und der Frust darüber kam der AfD zugute.

Und dann kam auch noch die Ampel-Koalition, deren Politik kein Segen für das Land, aber für die AfD ist.

Die AfD ist seit ihrer Gründung noch nie durch konstruktive, intelligente, praxistaugliche politische Ideen aufgefallen, eher durch Theater in den Parlamenten, durch Querelen und Austritte oder politische Exzesse des völkischen Flügels. Einen «gärigen Haufen» hat Alexander Gauland, der AfD-Ehrenvorsitzende, seine Partei einmal genannt.

Das durch diesen Gärungsprozess entstandene Gebräu ist derart unbekömmlich, dass die AfD für CDU und CSU niemals ein politischer Partner sein kann.

> Die Politik der Ampel-Koalition ist kein Segen für das Land, aber für die AfD.

Interessant wird es, wenn AfD-Sympathisanten treuherzig bekunden, die AfD würde aber die richtigen Fragen stellen! Entscheidend sind doch nun wirklich nicht die von der AfD thematisierten politischen Fragen, entscheidend sind die Antworten, die dort gegeben werden und die oft genug erschreckend sind. Die AfD hat ein völlig diffuses Verhältnis zur NATO und zur EU. Nur mit großer Mühe ist es ihrer Spitze gelungen, radikalen Forderungen aus der Mitte der Partei nach Austritt aus beiden Bündnissen eine Absage zu erteilen. Wenn eine Partei wie die AfD keine grundsätzlich positive Haltung zu beiden Bündnissen hat, dann schadet sie den Interessen des Landes.

Die CDU ist auch eine konservative Partei, aber nie und nimmer eine reaktionäre. Sie ist patriotisch, aber nie und nimmer nationalistisch. Der Nationalismus ist keine Variante des Patriotismus, sondern sein Gegenteil.

Ob man das nun Brandmauer nennt oder nicht, das ist sekundär. Entscheidend ist, dass Gründungsidee, Geschichte und Programmatik der Union so meilenweit von den politischen Vorstellungen der AfD entfernt sind, dass ich eine irgendwie geartete politische Schnittmenge noch nicht einmal mit der Lupe erkennen kann. Und den Willen zu einer Zusammenarbeit erst recht nicht. Nicht heute, nicht morgen und auch nicht übermorgen.

Des ungeachtet sollten wir nie den Versuch aufgeben, jene Sympathisanten und Wähler der AfD für die Parteien der politischen Mitte zurückzugewinnen, die keine gefestigten radikalen, rechtsextremistischen Ansichten vertreten, sondern aus Wut oder Protest der AfD zuneigen. Wenn wir alle, ausnahmslos alle AfD-Anhänger als für die Mitte verloren aufgeben, wird die AfD nicht so schnell schrumpfen.

> Der Nationalismus ist keine Variante des Patriotismus, sondern sein Gegenteil.

Die «Sind-sowieso-alles-Nazis»-Argumentation ist für mich nicht überzeugend, da genügt ein Blick auf die Wählerwanderungen nach Wahlen. Wer beim letzten Mal noch CDU, SPD oder FDP gewählt und dann zur AfD gewechselt ist, soll plötzlich vom Sozialdemokraten oder Liberalen zum Nazi geworden sein? Diese Argumentation ist für mich nicht überzeugend.

Kommen wir zur aktuellen Lage der Union: In Sachsen, Thüringen und Brandenburg sind Sie im Landtagswahlkampf einer der meistgebuchten CDU-Prominenten. Warum tun Sie sich das an?

Weil mich CDU-Generalsekretär Carsten Linnemann, mit dem ich seit vielen Jahren befreundet bin, ausdrücklich darum gebeten hat. Und weil ich keinen Zweifel daran habe, wie schwer die anstehenden Landtagswahlkämpfe für die Parteifreunde in Brandenburg, Thüringen und Sachsen sein werden. Hinzu kommt, dass ich den sächsischen Ministerpräsidenten Michael Kretschmer und die Innenminister von Brandenburg und Sachsen, Michael Stübgen und Armin Schuster, aus der gemeinsamen Zeit im Deutschen Bundestag gut kenne und alle drei sehr schätze.

Aber ich nehme mich nicht wichtiger, als ich bin. Ich kann durch ein gutes Dutzend Veranstaltungen in diesen drei Ländern mithelfen, dass die CDU dort ein gutes Ergebnis erzielt – nicht mehr, aber auch nicht weniger.

Zurzeit liegt die AfD in diesen drei Ländern zwar demoskopisch vorne – sogar in Sachsen –, aber Umfragen sollte man weder als irrelevante Momentaufnahmen abtun noch mit Wahlergebnissen verwechseln. Es sind Stimmungsbarometer für die derzeitige politische Lage.

Auffallend ist, dass die Medien, völlig unabhängig von ihrer politischen Ausrichtung, in letzter Zeit wieder verstärkt über die AfD berichten. Nicht etwa, weil diese Partei plötzlich durch kluge politische Ideen und Initiativen auffällig geworden wäre, sondern weil man in vielen Redaktionsstuben offenbar glaubt, durch permanente Warnungen vor der AfD und ihrem Spitzenpersonal dieser Partei das Wasser abgraben zu können.

Damit wir uns nicht falsch verstehen: Das allermeiste, was in diesem Zusammenhang geschrieben oder gesendet wird, hat seine sachliche Berechtigung und könnte auch von mir unterschrieben werden; aber das ändert nichts daran, dass die AfD auf diese Weise permanent im Gespräch bleibt. Genauer gesagt: immer wieder ins Gespräch gebracht wird! Journalisten, die glauben, durch ununterbrochene Berichterstattung über die AfD, mit welcher Tenorierung auch immer, der AfD zu schaden, würde ich gerne einmal fragen: «Ist das nur Ihre Vermutung, Ihre Hoffnung? Oder haben Sie irgendwelche konkreten Belege dafür, dass Ihre These stimmt? Welche handfesten Zahlen und Fakten stützen Ihre Annahme?»

Fakt ist, dass jeder neue Bericht, jeder neue Kommentar die AfD im Gespräch hält. Okay, ich habe keine Kommunikationswissenschaften studiert und es ist eher ein Gefühl, als dass ich es wissenschaftlich untermauern könnte; aber dass das meist verheerende Presseecho der AfD mehr geschadet als genutzt hat, das glaube ich nicht.

Das ist auch der Grund, warum ich in den Wahlkämpfen nicht gegen die AfD, sondern für die CDU antrete.

Sie waren sogar für den Landratskandidaten Christian Herrgott im Thüringer Saale-Orla-Kreis im Einsatz, der am Ende knapp gegen den AfD-Bewerber Uwe Thrum gewonnen hat. Haben Sie die Wahl gedreht?

Ich nehme mich nicht wichtiger, als ich bin. Ich habe mich über das Lob für meinen Einsatz zugunsten des CDU-Bewerbers Herrgott bei der Landratswahl im Saale-Orla-Kreis gefreut, aber ich glaube selbst nicht daran, dass ich allein Ergebnisse zugunsten der CDU umdrehen kann. Nicht in Thüringen, auch nicht anderswo. Ich kann mithelfen, dass gute Ergebnisse erzielt werden. Nicht mehr, aber auch nicht weniger.

Wie intensiv wird Ihr Einsatz im Wahljahr?

Mittlerweile stapeln sich die Anfragen und ich werde im August bei den Landtagswahlen in Brandenburg, Thüringen und Sachsen noch einmal die Ärmel hochkrempeln. Mit dann zweiundsiebzig Jahren könnte ich es auch etwas langsamer angehen lassen, aber ich weiß, was dort auf dem Spiel steht.

Kanzlerpolitik

Wie viel Merkel steckt in Scholz?

Kommen wir mal zum Kanzler, der die Richtlinien der Politik bestimmt. Wie viel Merkel steckt eigentlich in Scholz?

Mehr als Scholz je zugeben würde. Sein Politikstil ist viel eher der von Angela Merkel als der von Gerhard Schröder. Das gilt auch für seine öffentlichen Auftritte und Reden, bei denen er ähnliches Temperament und Charisma versprüht wie seine Vorgängerin. Und wenn er ab und zu einmal behauptet, ein «Machtwort» gesprochen zu haben, dann kann man ganz sicher sein, dass er weder per ordre du mufti von seiner Richtlinienkompetenz Gebrauch gemacht noch irgendeinen gordischen Knoten durchtrennt hat.

> Wie viel Merkel steckt eigentlich in Scholz? – Mehr als Scholz je zugeben würde.

Beispiel: kurzzeitige Verlängerung der Laufzeiten der drei letzten Reaktoren. Die Grünen konnten da nicht zustimmen, weil ihnen sonst die Anti-AKW-bewegte Basis an den Kragen gegangen wäre – da bot sich ein angebliches Kanzler-Machtwort als ideale Ausgangslösung an. Der

Kanzler konnte sich selbst sagen, jetzt habe er aber mal so richtig Führung gezeigt, und die Grünen waren fein raus, denn beim Machtwort des Kanzlers waren sie angeblich macht- und hilflos. Wären die Grünen tatsächlich mit dieser Entscheidung nicht einverstanden gewesen, hätten sie zwecks Gesichtswahrung die Koalition verlassen müssen.

Angela Merkel hat manches von oben herab entschieden – Olaf Scholz auch. Beim 100-Milliarden-«Wumms» für die Bundeswehr waren Teile seiner Partei und der SPD-Bundestagsfraktion ganz offensichtlich überrascht worden. Scholz muss geahnt haben, dass eine vorherige Debatte zu diesem Thema in seiner Fraktion länger gedauert hätte und nicht nur mit Zustimmung beendet worden wäre. Das Gleiche dürfte Gerhard Schröder bei seinen Hartz-Reformen gedacht haben, insbesondere in puncto zeitlicher Befristung des Arbeitslosengeldes I und Arbeitslosengeld II nur noch in Höhe der (ehemaligen) Sozialhilfe.

Angela Merkel und Olaf Scholz vereint aber auch, dass sie keine charismatischen Redner sind. Von Merkel weiß ich, dass sie es selbst auch wusste. Ob Scholz sich für charismatisch hält, kann ich nicht sagen. Beide brauchen eine gewisse Zeit, bevor sie Entscheidungen treffen. Warum profitiert aber die Kanzlerpartei SPD nicht von diesem Regierungsstil? Und warum profitiert auch Scholz nicht in dem Maße mit seinen persönlichen Beliebtheitswerten wie Angela Merkel? Warum funktioniert das bei Scholz nicht?

Das Problem der SPD besteht nicht nur in der zu großen Diskrepanz zwischen Versprechungen und Realität, siehe die Ankündigung, 400 000 neue Wohnungen zu bauen, mindestens und Jahr für Jahr, sondern vor allem in der schleichenden Entfremdung von der (ehemaligen) Kernwählerschaft dieser Partei.

Nordrhein-Westfalen, namentlich das Ruhrgebiet, galt früher als die Herzkammer der Sozialdemokratie. Da gingen SPD, AWO und die Gewerkschaften fast fließend ineinander über. Da hatten die meisten Wähler und Mitglieder der SPD noch Schwielen an den Händen.

Schalke 04 gilt im Pott als Verein der Malocher. Da wird Fußball traditionell nicht zelebriert, sondern gearbeitet. Die Fans verzeihen ihrer Mannschaft auch mal eine Niederlage – sofern die Spieler ihr Bestes gegeben und ihr Herz auf dem Rasen gelassen haben. Schalke 04 ist nicht Scampis mit Sekt, sondern Bratwurst mit Pils. Prost!

Sollte sich heute einmal der klassische SPD-Wähler aus dem Pott auf einen SPD-Parteitag verirren, wäre er total verwirrt. Worüber reden die? Was hat das, worüber hier debattiert wird, mit meinem ganz alltäglichen Leben zu tun? Johannes Rau, Gerhard Schröder und zuletzt noch Sigmar Gabriel wussten diese Leute anzusprechen, sie emotional mitzunehmen. Aber Olaf Scholz? Oder Kevin Kühnert? Was hat der SPD-Generalsekretär mit der Malocher-Tradition der SPD zu tun? Nichts, gar nichts.

Natürlich haben die Genossen auch heute noch ihre Hochburgen, z. B. in vielen Großstädten oder industriellen Zentren. Aber auch dort sind die Wahlergebnisse weit von denen eines Johannes Rau entfernt oder sie sind Folgen von besonders populären Amtsinhabern. Und wenn die nicht mehr antreten, wird es finster.

Bitte glauben Sie mir: Ich habe als überzeugter CDUler überhaupt keine Freude daran, wenn bei Umfragen oder gar Wahlen die AfD besser abschneidet als die SPD. Das jedenfalls hat die SPD, die stolze Arbeiterpartei, die sich um die Demokratie in unserem Land große Verdienste erworben hat, nicht verdient. Aber in die schwierige Lage hat sie sich selbst hineinmanövriert.

Ich sehe auch nicht, dass die SPD selbst das Problem erkennt. Im Gegenteil. Das, was die Kernwählerschaft früherer Tage wirklich interessiert, wird allenfalls am Rande diskutiert: Sicherung des Industriestandortes Deutschland, Konkurrenzfähigkeit und Innovationskraft der Betriebe, solide Finanzierung der großen sozialen Sicherungssysteme und vieles mehr. Stattdessen wie bei den Grünen: Klima, Klima, Klima, und wenn dann noch etwas Zeit ist: Klima.

Niemand bestreitet, dass der Klimawandel und seine Folgen *die* großen Herausforderungen der Zeit sind, und die Regierungen stehen national und international vor großen Aufgaben. Aber wenn sich scheinbar alles von morgens bis abends nur noch um dieses Thema dreht, dann sind die Ergebnisse exakt so, wie sie sind.

Und warum kommt es Olaf Scholz selbst nicht zugute?

Obwohl sich die Parteien so gut wie nie an diesen Ratschlag halten, er ist dennoch richtig: Versprecht nicht *zu* viel. Nur das, was ihr realistischerweise auch halten könnt! Wenn die Ergebnisse dann die Vorhersagen übertreffen – umso besser!

Wer aber wie Olaf Scholz vollmundig pro Jahr 400 000 neue Wohnungen verspricht und dann mit Müh und Not gerade einmal die Hälfte schafft, der darf sich über Unmut nicht beklagen. Richtig ist, dass die Finanzierungskosten gestiegen sind, aber warum um alles in der Welt sollten beim sogenannten «Wachstumschancengesetz» nur neue, bessere Abschreibungsmöglichkeiten für Unternehmen des Immobiliensektors installiert werden? Was ist denn mit den vielen – oft jungen – Familien mit einem bescheidenen Einkommen, deren Traum vom Eigenheim gerade platzt? Stichwort: höhere Baukosten, stark steigende Finanzierungskosten. Kann es sein, dass der Ampel der klassische Eigenheimbau nicht ganz geheuer ist? Dass man im Grunde gar nicht möchte, dass sich derartige Träume für eine breite Schicht der Bevölkerung tatsächlich realisieren lassen? Wegen Klima, Flächenverbrauch usw.?

Mag Olaf Scholz in puncto Körpersprache und Rhetorik an Angela Merkel erinnern: Er ist nun mal nicht die erste Frau, die in das Kanzleramt eingezogen ist, und er ist auch nicht der erste Kanzler, der in der damaligen DDR sozialisiert wurde. Da kann er sich anstrengen, wie er will. Beides ist für ihn nicht zu schaffen.

Bei Angela Merkel gab es zu Anfang nicht wenig Skepsis, die später bei vielen in Respekt umgeschlagen ist. Bei Olaf Scholz ist es bislang eher umgekehrt.

> Bei Angela Merkel gab es zu Anfang nicht wenig Skepsis, die später bei vielen in Respekt umgeschlagen ist. Bei Olaf Scholz ist es bislang eher umgekehrt.

Also so eine Art Frauenbonus für Angela Merkel?

Wenn nach sieben männlichen Amtsinhabern zum ersten Mal eine Frau Regierungschef wird und diese – ebenfalls ein Novum – bis 1990 im anderen Teil Deutschlands gelebt hat, dann ist die öffentliche Aufmerksamkeit natürlich größer, als wenn ein Mann aus Westdeutschland von einem anderen Mann aus Westdeutschland abgelöst wird.

Mit anderen Worten: Angela Merkel, die erste Frau aus dem Osten, Protestantin in der Union. Olaf Scholz dagegen ist eben «nur» ein Mann aus Hamburg.

Olaf Scholz hatte schon beim Amtsantritt ein gehöriges Maß an politischer Erfahrung, auch in Spitzenämtern. Sowohl in Hamburg als auch auf Bundesebene. Und ich muss gestehen, dass er auch mich im letzten Bundestagswahlkampf durchaus beeindruckt hat: klare Vorstellungen von seinen Zielen, geschickte Rhetorik («Respekt»).

Aber Rhetorik und TV-Auftritte einerseits und der harte, herausfordernde Regierungsalltag andererseits sind zwei verschiedene Paar Schuhe. Sein erstes dickes Problem trägt die Überschrift «Cum-ex-Skandal». Da geht es zwar um Milliarden, aber steuerrechtlich ist die ganze Angelegenheit derart vertrackt, dass man sie dem Nichtfachmann – und das sind die meisten – nicht in wenigen Worten erklären kann. Das ist nun wirklich ein handfester Skandal, der sich aber deshalb nicht im kollektiven Gedächtnis der Bevölkerung tief verorten kann, weil der strittige Sachverhalt nicht leicht zu erklären ist. Das Ganze ist zwar tausendmal skandalöser als ein Bobby-Car im Bundespräsidialamt, aber so eine Geschichte lässt sich halt einfacher erzählen.

Was aber flächendeckend für Aufsehen gesorgt hat, war, dass sich der damalige Hamburger Bürgermeister Olaf Scholz nicht mehr genau daran erinnern kann, was er im Detail mit der ganzen Sache – Stichwort: Warburg Bank Hamburg – überhaupt zu tun hatte. Fakt ist, dass die Hamburger Finanzbehörde damals auf Millionenrückforderungen gegenüber der Bank verzichtet hatte – aber warum? Viele, sehr viele, dürften es Olaf Scholz einfach nicht glauben, dass er an die fraglichen Gespräche mit der Bank und deren Inhalt keine Erinnerung mehr hat. Was ist denn das für ein Kanzler, dürften nicht wenige gedacht haben – und auch heute noch immer denken.

Erkennen Sie in der Ukrainepolitik von Scholz und der Ampel eine Strategie oder ist das vorsichtiges Abwarten, Vorantasten und dann Nachliefern?

In der Koalition finden Sie alle Meinungen, die man zu diesem Konflikt haben kann: von der Fraktion «Schwere Waffen» mit ihren Protagonisten Anton Hofreiter (Grüne) und Marie-Agnes Strack-Zimmermann (FDP) bis hin zu Olaf Scholz, der bei wichtigen Entscheidungen gerne zögert und so lange wartet, bis er auf das Verhalten anderer Staaten verweisen kann.

Ich persönlich kann sogar verstehen, dass der Kanzler zurückhaltend agiert, wenn Kiew wieder einmal mehr Unterstützung und weitere Lieferungen von Waffen und Munition anfordert. Denn keine Entscheidung – so oder so – ist völlig frei von Risiken und Nebenwirkungen. Beim Thema Lieferung von schweren Waffen bin ich selbst hin- und hergerissen. Verkürzen wir den Krieg oder verlängern wir das Leiden – auf beiden Seiten?

Ich gehe davon aus, dass es dem Kanzler in erster Linie darum geht, dass Deutschland nicht immer weiter in Richtung Konfliktpartei in diesen Krieg hineingezogen wird, und deshalb möchte er keine Waffensysteme liefern, mit denen man tief ins russische Territorium hinein Gegenangriffe starten könnte.

Die Überschrift für dieses Verhalten könnte sein: Alles tun, was der Ukraine hilft, ihr Territorium zu verteidigen und den Angriff Russlands abzuwehren; alles unterlassen, was zu einer Eskalation mit weitreichenden Folgen führen könnte.

So sehr ich mir wünsche, dass die Verteidigungsanstrengungen der Ukraine am Ende Erfolg haben, so sehr frage ich mich, ob der bisherige Kriegsverlauf dieses Ziel realistisch erscheinen lässt – auch wenn der Westen immer mehr Waffen und Munition an die Ukraine liefert. Ich fürchte, wir werden Zeugen eines sehr zähen Abnutzungskampfes mit vielen Opfern, ohne dass sich die Lage entscheidend verändert.

Auffallend ist, dass die Ampel seit Beginn des Konfliktes nie mit einer Stimme gesprochen hat und dass sich der Kanzler mehr als einmal zu Entscheidungen hat drängen lassen müssen. Nicht in erster Linie vonseiten der Opposition, sondern auch und gerade aus den eigenen Reihen.

Interessant ist allerdings, dass kurze Zeit nach den Überfällen der Hamas auf Israel nicht nur in Deutschland sehr viel da-

von die Rede ist, es müsse jetzt einen Waffenstillstand geben; Israel sei an das internationale Völkerrecht gebunden und dürfe keine zivilen Opfer beim Gegenschlag in Kauf nehmen. Gleichzeitig wird jeder, der stärkeres Engagement für einen Waffenstillstand in der Ukraine fordert, als Putin-Freund gebrandmarkt oder als Parteigänger von Wagenknecht und Schwarzer und ähnlichen. An die Ukraine darf sogar Streumunition geliefert werden, die eigentlich international geächtet ist. Warum ist ein Waffenstillstand auf der einen Seite angeblich so zwingend und auf der anderen Seite ein Tabuthema?

Für die Lieferung von Streumunition hätte ich meine Hand nicht gehoben. Derartige Waffensysteme sind aus guten Gründen international geächtet und durch das Oslo-Übereinkommen völkerrechtlich verboten. Solche Übereinkommen gelten auch und gerade dann, wenn eine Kriegspartei sie aus militärischen Gründen gerne einsetzen würde. In Friedenszeiten braucht man ein derartiges Verbot ja nicht, es soll seine Wirkung im Konfliktfall entfalten.

Es gibt in weiten Teilen des Landes die sympathische, aber auch etwas naive Vorstellung: Wenn die Waffen auf beiden Seiten schweigen, dann ist endlich Frieden! Frieden ist aber per definitionem mehr als nur die Abwesenheit von Kampfhandlungen. Frieden heißt konfliktfreies Miteinander und ohne Angst vor drohender Aggression anderer Staaten leben zu können. Frieden heißt ruhig schlafen zu können und nicht nachts wach zu liegen in der Furcht, der Gegner könnte jederzeit wieder angreifen.

Machen wir uns doch bitte nichts vor: Wenn Hamas und

Hisbollah die Waffen niederlegen, ist Frieden. Wenn Israel dasselbe tut, wird es den Staat in kürzester Zeit nicht mehr geben. Das ist der entscheidende Unterschied. Der 7. Oktober war für Israel schlimmer als 9/11 für die USA. Man vergleiche nur mal die Einwohner- und Opferzahlen in beiden Staaten, dann wird schlagartig deutlich, was dieses Datum für Israel bedeutet und immer bedeuten wird.

Wenn man das einmal realisiert hat, wird verständlich, warum Israel mit militärischen Mitteln dafür sorgen musste, dass sich ein derartiger Angriff nicht wiederholen kann. Als der französische Präsident Macron im November 2023 eine Feuerpause vorschlug, hätte das nur der Hamas geholfen, nicht aber Israel.

Beim Thema Nahost-Konflikt glauben viele, die verschiedenen Parteien müssten sich nur mal in aller Ruhe um einen Tisch versammeln und ihre Argumente austauschen, dann sei der Frieden zum Greifen nahe. Schön wäre es! Leider ist das meilenweit von der Realität entfernt, denn Israel möchte in sicheren Grenzen in Frieden leben und seine Gegner wollen das genaue Gegenteil. Hamas, Hisbollah und Co. geht es doch nicht um Verbesserung der Lebensqualität der Palästinenser, ob im Gaza-Streifen oder in den von Israel besetzten Gebieten, denen geht es um die Zerstörung Israels und die Vernichtung aller Juden. Daraus machen sie auch gar kein Geheimnis. Das wird ja ganz offen propagiert, was allerdings in weiten Teilen der westlichen Welt niemand so richtig ernst nimmt. Und über allem schwebt der Iran, für den schon die bloße Existenz Israels eine Provokation zu sein scheint.

In Deutschland kann man ruckzuck Demos gegen die

USA organisieren, aber gegen Russland, wenn mitten in Europa sechsundsiebzig Jahre nach Ende des Zweiten Weltkrieges wieder ein Krieg ausbricht? Und auch nach dem 7. Oktober 2023 war verdächtig lautes Schweigen bei denen, die sonst gerne und lautstark gegen was auch immer protestieren.

> Hamas, Hisbollah und Co. geht es nicht um Verbesserung der Lebensqualität der Palästinenser, sondern um die Zerstörung Israels und die Vernichtung aller Juden.

Wenn es um «Konzerte gegen rechts» geht, ist im Kulturbetrieb Hochbetrieb. Da stürmt alles auf die Bühne, was Rang und Namen hat. Aber als es um die Solidarität mit Israel ging und um Schutz für die bei uns lebenden Jüdinnen und Juden, da hat es sehr lange gedauert, bis sich die ersten Konzerthallen füllten. Aus der Mitte der Bevölkerung gab es in kurzer Zeit viele sehr spontane Aktionen zugunsten Israels und der Juden; aber diejenigen, die ansonsten immer beim Protest ganz vorne mit dabei sind, waren plötzlich kaum zu vernehmen.

Das hat sich im Laufe der Zeit geändert, vor allem bei den «Ja, aber ...»-Veranstaltungen, auf denen man dann auch Israel kritisiert hat. Dort gab es regelmäßig eher Applaus für israelkritische Töne als für klare Ansagen gegen den Terror der Hamas.

Zurück zur Kanzlerpolitik: Wie hat Angela Merkel Ihrer Beobachtung nach die Union verändert?

Angela Merkel hat durch ihre Politik als Parteivorsitzende und Kanzlerin schon dafür gesorgt, dass sich die CDU verändert hat. Einige würden sagen, sie hat die Partei «modernisiert», andere eher, sie hat die Partei «nach links gerückt». So oder so, dadurch ist am rechten Rand der Union eine Art politisches Vakuum entstanden. Konservative Positionen wurden zwar noch geduldet, aber so richtig gewünscht waren sie nicht mehr.

Möglicherweise haben sich einige Spezialisten mit extrem praxisferner Expertise gedacht: «Die Konservativen wählen uns mangels akzeptabler Alternativen sowieso. Jetzt müssen wir uns nur noch um rot-grüne Themen kümmern – und schon sind wir auf dem Weg zur absoluten Mehrheit.» Das erinnert mich an den berühmten Satz von Bertolt Brecht: «Ja, mach nur einen Plan! Sei ein großes Licht! Und mach dann noch nen zweiten Plan, gehn tun beide nicht!»

Früher galt immer der Satz von Franz Josef Strauß: «Rechts von der Union darf es keine demokratisch legitimierte Partei geben.»

Aber wenn man die Statik der Parteienlandschaft verändert, wenn eine Partei ihren klassischen politischen Radius verschiebt, dann entstehen neue Räume und die bleiben nicht leer. Wir haben ganz offensichtlich viele ehemalige Anhänger der Union zunächst irritiert und dann politisch heimatlos gemacht. 2013 hat die Union bei der Bundestagswahl noch stolze 41,5 % erzielt, acht Jahre später waren es nur noch 24,1 %.

Es mag ja sein, dass wir durch die eine oder andere Kurskorrektur auch Wähler dazugewonnen haben, aber viel mehr im selben Zeitraum verloren. Jetzt ist die Union zwar aus dem Tal der Tränen heraus, aber demoskopisch immer noch weit vom Ergebnis von 2013 entfernt.

Mein Rat an die Union wäre: Mut zur Debatte! Es gehört doch zum Wesen von Volksparteien, dass sich dort – wenn auch auf gleichem Wertefundament – ganz unterschiedliche Meinungen und Temperamente versammeln. Es ist auch nicht schlimm, wenn das Publikum sieht, dass es bei einigen Themen unterschiedliche Meinungen gibt. Jedenfalls so lange, wie die innerparteilichen Diskussionen fair und mit gegenseitigem Respekt verlaufen. Am Ende eines solchen Prozesses wird demokratisch entschieden – und dann ist der Streit beendet. Derartige Debatten hatten wir auch zur Zeit von Helmut Kohl, Stichwort § 116 AFG (Arbeitsförderungsgesetz) – sie haben der Union nicht geschadet.

Im Grunde sollte der erwähnte «alternativlos»-Spruch von Angela Merkel bedeuten: «Ihr könnt von mir aus reden, was ihr wollt. Ändern könnt ihr aber nichts mehr, da die Entscheidung schon längst feststeht! Dann sagt doch gleich Ja!» Das hat viele innerparteilichen Debatten im Kern erstickt. Leider.

Warum gab es so wenig Widerspruch gegen den Kurs von Angela Merkel? Und wenn es ihn gab – das kam ja doch regelmäßig vor –, warum blieb er ohne Konsequenz? Fehlte es an Mut? Ist die Union, böse gesagt, eine Duckmäuser-Partei?

Na ja, revolutionäre Aufwallungen sind in bürgerlichen Kreisen ohnehin selten. CDU und CSU sind ihren jeweiligen Führungspersönlichkeiten gegenüber schon immer sehr loyal gewesen, von einzelnen Ausnahmen einmal abgesehen. Siehe CDU-Bundesparteitag 1989 mit dem gescheiterten Putsch gegen Helmut Kohl. Nur wenige Monate später wurde er als «Kanzler der Einheit» frenetisch gefeiert. So schnell kann es gehen, dass der Wind sich dreht.

Angela Merkel konnte ja nicht alles allein und handstreichartig durchsetzen, für ihre Politik hatte sie immer innerparteilich eine breite Mehrheit, sowohl in der Führung der Partei als auch in der CDU/CSU-Bundestagsfraktion. Wenn sie sich dann unsicher war, ob sie für einen Kurswechsel eine Mehrheit bekommen würde, hat sie sich nicht gescheut, Partei und Fraktion vor vollendete Tatsachen zu stellen. Das alles hat die Union tapfer hingenommen, solange Angela Merkel ihr zu guten Wahlergebnissen verholfen hat.

Ich kann mich noch gut daran erinnern, dass es in der Bundestagsfraktion 2015 heftigsten Unmut gab über ihren Migrationskurs; einige Abgeordnete dachten sogar schon über den Sturz von Angela Merkel nach. Beim anschließenden Parteitag – ich glaube, es war in Karlsruhe – gab es dann elf Minuten Applaus im Stehen, bei dem ganze zwei Delegierte sitzen geblieben sind: Arnold Vaatz und Philipp Lengsfeld. Warum hat keiner den Mund aufgemacht?

Oder es gab den Essener Parteitag, auf dem nach heftiger Redeschlacht mehrheitlich beschlossen wurde, dass man Doppelpässe nicht mehr dulden will. Und noch während die letzten Delegierten die Halle verließen, erklärte Merkel im TV-Interview, dass sie sich daran nicht halten werde. Was ist das für ein Umgang mit der eigenen Basis?

Damit wollte sie wohl zum Ausdruck bringen: «Ihr seid die Parteibasis, aber ich bin die Vorsitzende, die Kanzlerin, und am Ende entscheide ich!»

Ich kann mich noch gut an eine legendäre Fraktionssitzung nach der Grenzöffnung im September 2015 erinnern, in der Angela Merkel u. a. sinngemäß gesagt hatte, dass wir unsere Grenzen nicht schützen könnten. Soweit erinnerlich, war es der damalige CDU-Abgeordnete Clemens Binninger, der eine sensationell kurze Gegenrede hielt, die nur aus einem Wort bestand: «Doch!» Armin Schuster, heute Innenminister in Sachsen, und ich äußerten uns ebenfalls kritisch. Das war's.

Interessantes Detail am Rande: Nach der erwähnten Fraktionssitzung kamen einige Kolleginnen und Kollegen auf uns zu und meinten, es sei gut gewesen, dass wir unsere Kritik artikuliert hätten. Sie seien ebenso skeptisch wie wir, dass sich die Politik der offenen Grenzen lange durchhalten lasse. Meine Antwort war immer: «Herzlichen Dank, es wäre gut gewesen, wenn auch *du* diese Haltung schon in der Fraktionssitzung vorgebracht hättest ...!»

Allerdings sollte man bedenken, dass damals gut 90 % aller Abgeordneten und der veröffentlichten Meinung den Kurs der Kanzlerin unterstützt haben, und wer lässt sich schon gerne in die hartherzige, inhumane Ecke abschieben?

Ansonsten will man der Parteiprominenz ja auch nicht negativ auffallen, denn in der Regel wird dort über die Karrierechancen entschieden. Und die Fraktionsvorsitzenden und Mitglieder einer Bundesregierung hatten schon immer folgsame Abgeordnete am liebsten.

Wenn man Debatten über die Vergangenheit vermeiden möchte, gibt es in der Politik immer den schönen Reflex zu sagen: Wir wollen nicht nach hinten gucken. Trotzdem wäre es interessant, ob man aus diesen Vorkommnissen irgendwelche Lehren gezogen hat. Was wäre Ihr Fazit: Muss man künftig als Abgeordneter noch fester zu seinen Grundüberzeugungen stehen? Muss es irgendwelche Veränderungen im Statut geben, also Mehrheitsabstimmungen in der Fraktion oder irgendetwas in der Richtung? Warum gelingt es nicht, eine vorhandene politische Mehrheitsmeinung gegen eine Regierung durchzusetzen?

Es ist schon ein Unterschied, ob man Mitglied einer Oppositions- oder einer Regierungsfraktion ist! Niemand möchte doch den eigenen Leuten in der Regierung Probleme bereiten, den politischen Alltag schwerer machen, als er ohnehin schon ist, oder als Quertreiber gelten. Eigentlich möchten alle nur gute Kollegen sein und die Regierung unterstützen. Deshalb bekommen nicht wenige Regierungsmitglieder Herzrasen, wenn Abgeordnete der eigenen Farbe plötzlich vom offiziellen Kurs abweichen.

Allerdings haben Parlamentarier grundsätzlich nicht die Aufgabe, als Regierungssprecher zweiter Klasse zu fungieren; sie sollen die Arbeit der Regierung wohlwollend, aber kritisch begleiten. Die Interessen ihrer Wahlkreise vertreten und ihrer politischen Überzeugung treu bleiben. In Artikel 38 I GG heißt es nur «… an Aufträge und Weisungen nicht gebunden und nur ihrem Gewissen unterworfen». Der Halbsatz «… es sei denn, die jeweilige Regierung erwartet etwas anderes» hat es bislang nicht ins Grundgesetz geschafft.

Bei der Opposition ist die Stellenbeschreibung der Abgeordneten eine etwas andere. Bei ihnen ist die Kontrolle der Regierung die Hauptaufgabe; von ihnen wird erwartet, dass sie – wann immer nötig – den Finger in die berühmte Wunde legen.

Und an dieser Stelle teilt sich das Meer. Die Union war immer eine staatstragende Partei. Keine Partei in der Bundesrepublik war länger in Regierungsverantwortung als die Union. Ihr würde man es übel nehmen, wenn sie Kritik nur um der Kritik willen äußern würde. Anders bei AfD und der Linkspartei. Bei beiden Parteien erwartet man nicht, dass sie inhaltlich-konstruktiv argumentieren, um der Regierung notfalls zur Seite zu springen. Da gehört Fundamentalopposition zum Programm.

Gewundert hat mich nicht selten, dass der alte römische Grundsatz «… et respice finem» – Bedenke das Ende! – häufig nicht beachtet wurde. Da wurden auch weitreichende Entscheidungen getroffen nach dem Motto: «Jetzt entscheiden wir erst mal und dann gucken wir weiter!» Beispiele sind hier die Grenzöffnung Anfang September 2015 und der vorgezogene Ausstieg aus der Nutzung der Kernenergie nach der Naturkatastrophe in Fukushima 2011.

Sie persönlich haben aus Ihrer Meinung keinen Hehl gemacht und haben das damit bezahlt, dass Sie zwar lange als Innenminister gehandelt wurden, aber es nie geworden sind. Nun kann niemand aus seiner Haut. Ich glaube nicht, dass Sie das bereuen und in der Rückschau lieber Aufrichtigkeit gegen das Ministeramt eingetauscht hätten. Aber muss man diesen Preis zahlen für die eigene Meinung?

Ja, es stimmt, Innenminister wäre ich wirklich gerne geworden. Aber um ein solches Amt bewirbt man sich nicht, man wird gefragt – oder eben nicht. Einmal bin ich gefragt worden, von Angela Merkel, 2005. Damals war ich stellvertretender Fraktionsvorsitzender, zuständig u. a. für Innen- und Rechtspolitik. Was ich mir denn so für die Zukunft vorstelle? Ich habe sofort gesagt, dass mich das Amt des Innenministers interessieren würde. Damit habe sie gerechnet, meinte Merkel, aber das könne sie mir nicht zusagen. Ob denn nicht Fraktionsvorsitzender etwas für mich wäre? Darüber hatte ich noch nie nachgedacht. Für mich war klar, dass es Volker Kauder werden sollte. Gegen einen Freund würde ich nicht kandidieren. Aber wenn Kauder ein anderes Amt bekäme, dann gerne!

> Ja, es stimmt, Innenminister wäre ich wirklich gerne geworden.

Das darauffolgende Wochenende war richtig schön. Für mich stand fest: wenn nicht Innenminister, dann Fraktionschef. Dann aber kam der Montag – und aus war's. Innenminister – und damit sein eigener Nachfolger – wurde Wolfgang Schäuble, Fraktionsvorsitzender Volker Kauder.

Keine Ahnung, was über das Wochenende geschehen war. Ich habe Angela Merkel um eine zumindest kurze Begründung gebeten. Daraufhin gab es – so nennt man das wohl – eine offene Aussprache. Ich könne ja gerne Staatssekretär werden … Das wollte ich nun wirklich nicht! Immerhin wurde mir in diesem Moment klar: Egal, was zukünftig passieren wird, gefragt wirst du nie mehr. Und so war es dann auch. Ich bin dann einfach im Amt geblieben und gut war's.

Zu einem so frühen Zeitpunkt schon?

Natürlich hat sie mir nicht gesagt, das sei meine erste und letzte Chance gewesen. Aber nach Verlauf und Inhalt der Unterredung war mir klar, dass es so sein würde.

Damit wir uns hier richtig verstehen: Niemand hat einen Anspruch auf einen Platz im Bundeskabinett, ich auch nicht. Und die meisten, die Minister werden wollen, werden es vermutlich nicht. Sollte sich Angela Merkel gedacht haben, dass sie bei mir nicht sicher sei, ob ich jede politische Volte aus dem Kanzleramt einfach so mitmachen würde – dann hatte sie sogar recht!

Hat sie zu erkennen gegeben, was genau sie gestört hat?

Nein, noch nicht einmal andeutungsweise. Hätte sie ruhig machen können. Ich kann so etwas vertragen und bin nicht nachtragend. Ich habe mich allerdings gewundert, warum sie mich erst gefragt, dann aber aussortiert hat. Nicht ich hatte sie angesprochen, es war genau umgekehrt.

Es wird kolportiert, Merkel habe intern mal gesagt: «Der Bosbach quatscht mir zu viel, der macht aus seiner Meinung kein Hehl» …

Kann sein. Mir nie.

Es hat zwei Punkte gegeben, an denen die Migrationspolitik von Angela Merkel nahe dran gewesen war, gestoppt zu werden. Der eine war Ende 2015, als es wohl mehrere Leute gegeben hat, die Wolfgang Schäuble nötigen wollten, Angela Merkel die Pistole auf die Brust zu setzen und zu sagen: Wir machen so nicht weiter, und dann einen, wie auch immer gearteten, Kurswechsel zu fordern.

Der zweite Punkt war 2018 während der Krise um «Zurückweisungen» an deutschen Grenzen mit der CSU. Wenn Horst Seehofer damals standhaft geblieben wäre und tatsächlich die Zurückweisungen an der Grenze befohlen hätte, dann hätte Merkel ihn entlassen müssen. Damit wäre die Fraktionsgemeinschaft mit der CSU am Ende gewesen und sie hätte keine Mehrheit mehr gehabt und zurücktreten müssen. In beiden Fällen ist sie darüber weggekommen. Hätte das irgendetwas für das Land verändert, wenn Merkel damals gestürzt wäre?

Nein, das glaube ich nicht. Das hätte die Union ganz sicher in eine tiefe Krise gestürzt und die veröffentlichte Meinung sowie der überwältigende Teil des Parlamentes waren ja auf ihrer Seite! An dieser Stelle stand sogar die Opposition in Treue fest zur Kanzlerin.

Die Grünen waren komplett aus dem Häuschen. Für sie wurde ein lang gehegter Traum wahr. Sie hatten wohl sehr schnell begriffen, dass die neue Migrationspolitik nicht eine kurzfristige Kurskorrektur war, sondern der Beginn einer neuen Ära: der massiven Zuwanderung von Menschen aus anderen Kulturkreisen, namentlich aus Syrien, dem Irak, Afghanistan und der Subsahara.

Man hätte im September 2015 die Grenzöffnung nicht als

grundsätzlichen Politikwechsel – hin zu offenen Grenzen – verkünden dürfen, sondern ganz ausdrücklich als eine zeitlich eng begrenzte Ausnahmesituation zur Verhinderung einer humanitären Katastrophe. Gleichzeitig hätte die Regierung deutlich machen müssen, dass hier die EU als Ganzes gefordert sei und nicht in erster Linie Deutschland allein. Weil genau *das* nicht geschah, haben sich viele Länder gewundert, dass Deutschland plötzlich diesen Kurs nimmt, und andere sind dann sogar auf einen gegensätzlichen abgebogen.

Hat Angela Merkel einen neuen Politikstil entwickelt und etabliert?

Ja. Das ist auch keine Überraschung oder Sensation, jeder muss seinen eigenen Weg gehen. Der Politikstil von Helmut Schmidt war ganz anders als der von Willy Brandt, der von Gerhard Schröder anders als von Angela Merkel. Von Schröder gibt es ja die Geschichte, er hätte einst am Zaun des Kanzleramtes gerüttelt und «Ich will hier rein» gerufen. Dagegen hätte Angela Merkel irgendwo in einer Ecke gelauert, bis sie ein Schlupfloch gefunden hat. Die Charaktere und Temperamente der Menschen sind unterschiedlich, auch in der Politik.

Vielen hat es imponiert, wie ruhig und souverän die Kanzlerin 2008/2009 in der Finanzkrise gemeinsam mit Peer Steinbrück reagiert hat, das war vertrauensbildend. Schröder war von der Sorte: «Hoppla, jetzt komme ich! Und wo ich bin, ist vorne!» Angela Merkels Stil war eher zurückhaltend, abwartend, abwägend.

CSU-Landesgruppenchef Alexander Dobrindt hörte ich zu der Zeit manchmal klagen, es gäbe so eine Art Arzt-Patienten-Verhältnis von Merkel zu vielen Wählern; diese hätten Merkel ihre «Kompetenzvermutung», wie es der Politikwissenschaftler Karl-Rudolf Korte ausgedrückt hat, gegeben und gesagt: Die wird das schon machen. Ich verstehe nicht viel davon, aber die macht das schon.

Hat sich Angela Merkels Stil aus Ihrer Beobachtung zum Schluss der Kanzlerschaft hin oder über die Jahre hinweg verändert? Mir schien, dass sie sich gegen Ende immer ungerührter über Dinge hinweggesetzt hat und dass die Neigung zum autoritären Durchgriff eher zugenommen hat. Einfach mal eine Ansage zu machen, dass die Thüringenwahl rückabgewickelt werden muss, obwohl sie selbst wusste, dass sie dazu keinerlei Kompetenzen hat. Bei den Ministerpräsidentenkonferenzen der Corona-Zeit erklärte sie: «Das reicht mir noch nicht», und sechzehn Ministerpräsidenten besserten artig nach, obwohl Gesundheit Ländersache ist …

Mit zunehmender Amtsdauer und gewachsener Autorität ist sie zunächst selbstsicherer und dann in ihren Positionen konsequenter geworden, auch gegenüber den Ländern, die ansonsten ein hohes Maß an Selbstbewusstsein pflegen, allen voran Bayern. Das wiederum ändert nichts daran, dass sie gelegentlich den Eindruck hinterließ, als schwebe sie über den Parteien. Und die Union wurde von ihr immer abhängiger. Sie war sich durchaus bewusst, dass sie bei aller Kritik immer noch das beste Argument pro CDU war. Gesagt hat sie es nie, sie wird aber oft gedacht haben: «Wen von Statur hat meine Partei denn noch außer mir? Wenn ich gehe, wird die Partei an Zustimmung verlieren.» Gegen Ende ihrer Amtszeit hat sie Partei und Fraktion beim Thema «Ehe für alle» in einem Soloauftritt vor vollendete Tatsachen gestellt. Sie wusste genau: Die müssen und werden mir alle folgen. So war es dann ja auch.

Eine Mentalität, die auch Helmut Kohl in den letzten Jahren seiner Kanzlerschaft entwickelt hatte. Mir fällt noch ein: Es gab ja mal die Debatte über den Internationalen Migrationspakt. Da gab es einen Entschließungsantrag in der Unionsfraktion, dass die Kanzlerin bei der Ratifizierung in Marrakesch zu Protokoll geben sollte, dass der Pakt nicht gegen deutsche Interessen angewendet wird. Ich habe sie im Flieger danach gefragt, wie sie dem Antrag denn nachzukommen gedenke. Sie sagte: «Das interessiert mich nicht. Ich stelle mich doch nicht bei den Vereinten Nationen hin und sage, meine Partei hat irgendwas beschlossen …» Das Basis-Votum ihrer Partei und des Bundestages war ihr völlig egal.

Gönnen Sie Angela Merkel den Ruhestand?

Ja. Ich habe ihren Dienst aus nächster Nähe sechzehn Jahre mitbekommen – das ist ja nicht nur körperlich kräftezehrend, das ist auch Hochleistungssport, was Konzentration und Beherrschung angeht. Sie musste unglaublich breit aufgestellt und bei allen politischen Themen immer tagesaktuell informiert sein. Sie musste sich auch jedes Wort dreimal gut überlegen. Sechzehn Jahre sind eine unfassbar lange Zeit.

Trotzdem haben Sie ja häufig mit der Kanzlerin über Kreuz gelegen. Wäre es nicht zumindest für die Union eine lohnens-

werte Aufgabe, die Ära Merkel mal einer kritischen Würdigung zu unterziehen? Nach dem Essener Parteitag 2015 sagte sie: Den Beschluss zum Doppelpass ignoriere ich einfach. Da ließe sich doch einiges aufarbeiten.

In der Tat. Aber damit würde sich die CDU kaum einen Gefallen tun. Denn die Leute haben ganz andere Sorgen. Es wäre höchstens hilfreich, wenn wir innerparteilich überlegen, was wir heute anders machen würden, was wir korrigieren könnten, wo wir möglicherweise falsche Entscheidungen getroffen haben, beispielsweise bei Nord Stream 2.

Aber wenn wir den Menschen draußen das Gefühl geben, wir beschäftigen uns jetzt mit sechzehn Jahren Angela Merkel statt mit der Inflation oder dem Krieg, dann würde die Zustimmung zur Union nicht wachsen.

Wer wird denn der nächste Kanzler?

Ich glaube, dass Friedrich Merz den Schlüssel in der Hand hat. Ich glaube, wenn er es unbedingt werden möchte, dann wird er es auch. Ich bin mir nur nicht sicher, ob er es wirklich möchte oder ob er diesen Prozess nicht lieber moderieren will.

Ich vertrete immer noch die Auffassung, die ich schon vor drei Jahren vertreten habe: Wir sollten mit der oder dem antreten, mit dem wir die besten Chancen haben, die Wahl zu gewinnen. Aus meiner Sicht ist es nicht entscheidend, wer unbedingt Kanzler werden möchte, sondern mit wem wir die besseren Chancen haben.

Ich habe dem Fraktionsgeschäftsführer der Bundestagsfraktion, Thorsten Frei, dieselbe Frage gestellt: «Wie heißt aus Ihrer Sicht der nächste Bundeskanzler?» Seine Antwort war: «Der nächste Bundeskanzler heißt Friedrich Merz.» – «Wissen das auch Markus Söder, Hendrik Wüst und Daniel Günther?», habe ich nachgehakt. – «Sie haben mich gefragt und ich habe Ihnen eine klare Antwort gegeben», lautete seine Antwort.

Wenn Thorsten Frei das sagt, dann stimmt das auch.

(lacht) *Der ist ganz nah dran, der muss es ja wissen.*

(lacht) Ja, der muss es wissen.

Debattenkultur, Medien und Meinungsmache

Wie gespalten ist unsere Gesellschaft?

Ich würde gerne über die Debattenkultur im Land sprechen. Viele Menschen haben den Eindruck, dass man seine Meinung nicht mehr so richtig frei sagen könne, weil man immer berücksichtigen muss, welchen Gegenwind man damit erntet. Für viele Menschen ist inzwischen der Preis für die frei geäußerte Meinung sehr hoch, wenn sie von einem bestimmten Meinungskorridor abweicht. Glauben Sie, dass wir eine wirklich faire und freie Debatte in der Öffentlichkeit führen, oder sind da die Koordinaten verschoben?

Natürlich haben wir in der Bundesrepublik nach wie vor das Recht auf freie Meinungsäußerung und Artikel 5 GG ist auch nicht in Gefahr, abgeschafft zu werden. Man muss aber seit einigen Jahren höllisch aufpassen, wenn man von diesem Recht allzu freimütig Gebrauch macht. Jedenfalls dann, wenn man von der Meinungskonkurrenz nicht sofort reflexartig nach Rechtsaußen einsortiert oder alternativ als Knecht der Atomlobby gebrandmarkt werden will, wenn man den übereilten Atomausstieg kritisiert. Oder man ist xenophob oder rassistisch, wenn man Zweifel an der Flüchtlingspolitik seit September 2015 anmeldet.

Wohlgemerkt: Wenn man mit falschen Zahlen, Daten,

Fakten operiert hat, wenn Argumente nicht stichhaltig, Behauptungen sachlich unzutreffend waren, dann gab es schon immer Kritik. Das ist nicht der Punkt. Heute muss man aber oft schon dann in Deckung gehen, wenn zwar alle Zahlen und Fakten die Lage richtig beschreiben, die Meinungsäußerung dem Test der Political Correctness jedoch nicht standhält. So nach dem Motto: «Das mag ja alles sein, aber sooo darf man das nicht sagen.»

Interessant ist auch, dass der Populismusvorwurf meistens dann erhoben wird, wenn die Mehrheit der Bevölkerung zu bestimmten Themen eine andere Meinung hat als Ampelparteien. Die politische Linke war immer schon der Überzeugung, dass nur sie das richtige Weltbild und daher auch die richtigen politischen Lösungsansätze hat. Wenn dennoch ein großer Teil der Bevölkerung das anders sieht, dann irrt dieser Teil zwangsläufig.

Dieses Phänomen konnte man in den zurückliegenden Epochen schon oft beobachten: Wenn irgendwo auf der Welt das 35. sozialistische Projekt an der Welt krachend gescheitert war, kamen bei den Protagonisten nicht etwa Selbstzweifel auf! Ganz im Gegenteil! Dann haben sie sich den Staub von den Ärmeln geschüttelt und trotzig erklärt: «Gut, das hat jetzt nicht geklappt. Aber nun wissen wir ja, woran es gelegen hat» – und zügig wurde das Experiment Nr. 36 in Angriff genommen.

Glauben Sie, dass die verschiedenen Meinungen einigermaßen repräsentativ, fair und gleich verteilt sind in den öffentlichen Debatten oder gibt es da ein Übergewicht von bestimmten Strömungen?

Jedenfalls gibt es einen erheblichen Unterschied zwischen der Berichterstattung und der Kommentierung im ÖRR und anderen Leitmedien und den politischen Debattenbeiträgen in den sozialen Netzwerken. Dazwischen klafft eine große Lücke.

Allerdings tue ich mich schwer damit, bei den sozialen Medien den Begriff «Debattenkultur» zu verwenden. Gerade dort wird oft ein Ton angeschlagen, der mit «Kultur» kaum noch was zu tun hat. Namentlich dann, wenn sich User ganz bewusst dafür entschieden haben, anonym zu posten. Mit Klarnamen trauen sich viele nicht das, was sie anonym ungeniert von sich geben.

Ich fürchte, da sind auch viele verdeckt operierende Meinungsmacher unterwegs, die aus dem Ausland heraus versuchen, auf die politische Meinungsbildung in Deutschland Einfluss zu nehmen. Das ist kein guter Zustand.

Auch deshalb bin ich ein Anhänger von Qualitätsmedien, die solide recherchieren, ein breites Meinungsspektrum abbilden und der Versuchung widerstehen, dem Publikum unter allen Umständen die Redaktionsmeinung aufzudrängen. Ich bevorzuge die saubere Trennung von Berichterstattung und Kommentierung, denn was ich von einer Meldung halte, das möchte ich schon selbst entscheiden. Da brauche ich keinen Nachhilfeunterricht.

Mit welchem Gefühl schauen Sie die Tagesschau noch an? Ist das Ihre Standard-Nachrichtensendung?

Es gibt viel Kritik an den öffentlich-rechtlichen Medien, die ich in ihrer Pauschalität früher nicht geteilt hätte. Ich mache mir jedoch zunehmend Gedanken, ob diese Kritik nicht doch berechtigt ist. Manchmal habe ich das Gefühl, ich würde gerade live an einer Presseberichterstattung der Bundesregierung teilnehmen. Da fehlt mir als Zuschauer die kritische Nachfrage, auch die kritische Distanz zur Politik.

Ein kluger Kopf hat mal gesagt: «Man macht sich als Journalist mit nichts gemein, auch nicht mit einer guten Sache.» Das heißt, es gilt immer auch eine gewisse Skepsis zu bewahren. Diese kann ich im Moment in dieser Form nicht mehr feststellen.

Live-Berichterstattung von der Regierung: Zahlen Sie dafür den Rundfunkbeitrag?

Ich glaube, dass der öffentlich-rechtliche Rundfunk nach wie vor eine große Bedeutung hat in unserer mittlerweile sehr vielfältigen Medienlandschaft. Wenn man sich aber immer selbst das Etikett «Qualitätsjournalismus» anklebt, dann muss man auch liefern. Wenn aber die versprochene Leistung mit der Lieferung nicht übereinstimmt, gibt's immer mehr Menschen, die skeptisch werden.

Ich wünsche mir nicht, dass der öffentlich-rechtliche Rundfunk aus der Medienlandschaft verschwindet. Ich wünsche mir eine ausgewogenere Berichterstattung – wobei ich natürlich weiß, dass dieser Wunsch völlig vergebens ist. Ich schätze mal, 70 bis 80% der dort Tätigen neigen eher Rot-Grün zu als anderen politischen Färbungen. Damit muss ich dann tapfer leben.

Ihr Parteifreund Arnold Vaatz hat gesagt, er zahle keinen Rundfunkbeitrag mehr, weil ihm das alles zu unausgewogen ist. So weit würden Sie aber nicht gehen.

Arnold ist da etwas als Solist unterwegs. Nein, ich halte mich an die Regeln und ich tue auch gar nicht so, als ob ich kein öffentlich-rechtliches Fernsehen sehen und keinen öffentlich-rechtlichen Rundfunk hören würde. Also zahle ich und habe dabei auch kein schlechtes Gefühl. Ich habe eher ein schlechtes Gefühl, wenn ich als Konsument den Eindruck bekomme: Moment, hier wird nicht berichtet, sondern hier wird mir erklärt, was ich über einen bestimmten Sachverhalt zu denken habe. Dann wird mir unwohl.

WDR-Chefredakteur Jörg Schönenborn hat die Haushaltsabgabe als «Demokratieabgabe» bezeichnet. Das klingt toll, aber wenn das Vertrauen der Leute in die Seriosität der Berichterstattung immer weiter sinkt und sich immer mehr alternative Nachrichtenkanäle auftun, dann kann von Demokratieabgabe eigentlich nicht die Rede sein.

Ich weiß gar nicht, welche Gedanken man sich in den Redaktionen der öffentlich-rechtlichen Sender macht, ob man sagt: «Das machen wir ganz bewusst», und damit auch an Vertrauen verliert. Das Problem, was ich als Nutzer habe, ist ja nicht, dass ich sagen könnte: Das ist alles falsch, also Fake News, die hier verbreitet werden. Mein Problem ist eben, dass ein Teil der Wirklichkeit ausgeblendet wird. Man glaubt, dass es klüger wäre, über diesen Teil erst gar nicht zu sprechen, weil es den Leuten dann gar nicht auffällt, dass wir die Probleme haben. Dieser Schluss ist ein Kurzschluss.

Ein relativ junges Politikfeld ist die sogenannte «Demokratieförderung» durch den Staat, für die zum Beispiel im Programm «Demokratie leben» derzeit jährlich knapp 200 Millionen Euro ausgegeben werden – neben der Bundeszentrale für politische Bildung und den verschiedenen parteinahen Stiftungen.

Wenn man Demokratieförderung ernst nähme, müsste man jede erdenkliche Meinung innerhalb des Verfassungsbogens fördern. Demokratie ist ja lediglich eine Methode zur politischen Meinungsbildung, kein Inhalt. In der Realität sieht es dann aber so aus, dass natürlich nicht «katholische Landfrauen gegen Abtreibung» unterstützt werden oder eine Bürgerinitiative gegen eine Asylunterkunft in Sachsen. Vielmehr ist es fast immer ein links-grünes Vorfeldprojekt, das mit sehr viel Staatsgeld gefördert wird und dann natürlich auch in Form von Expertengutachten in der Öffentlichkeit auftaucht oder mittels Talkshowgästen oder Ähnlichem sichtbar wird. Mit anderen Worten: Verengt die Demokratieförderung nicht eher Debatten, anstatt sie zu verbreitern?

Auffällig ist in der Tat, dass es kaum öffentlich geförderte Vorfeldorganisationen für Wirtschaftsliberale oder Konservative gibt. Vermutlich geht es der Ampel beim Thema «Demokratie stärken» auch nicht darum, die gesamte Breite des demokratischen Spektrums in Deutschland abzubilden und zu fördern, sondern, wie von Ihnen erwähnt, um die finanzielle Stärkung von rot-grünen Vorfeldorganisationen.

Wenn nicht sicher wäre, dass sich dort viel Unterstützung für rot-grüne Positionen versammelt, gäbe es vermutlich auch nicht die Förderung in Millionenhöhe.

Hat die Union in den Jahren der Kanzlerin geschlafen, als all diese Programme aufgebaut und ausgeweitet wurden?

Sieht ganz danach aus. Bürgerliche sind traditionell nicht so sehr auf staatliche Förderung aus wie die politische Konkurrenz. Als die Programme aufgelegt wurden, lautete die Überschrift: Prävention zur Verhinderung antidemokratischer Strömungen und Stärkung der politischen Mitte. Dagegen kann sich ein Christdemokrat nicht mit guten Gründen wehren.

In der politischen Förderungspraxis liegt der Schwerpunkt allerdings ganz deutlich auf der Förderung linken Gedankenguts. Für das Programm «Demokratie leben!» standen vor zwei Jahren über 150 Millionen Euro zur Verfügung. Fairerweise muss man allerdings hinzufügen, dass es diese Art der Förderung schon zu Zeiten der Großen Koalition gab.

Sehen Sie eine Spaltung der Gesellschaft?

Nicht mit der Folge, dass gesellschaftliche Gruppierungen ihre Konflikte mit Gewalt austragen, aber Spaltungstendenzen beginnen ja auch nicht erst dort, sondern viel früher. Die häufig diagnostizierte «Spaltung der Gesellschaft» wird oft begründet mit «arm vs. reich» oder mit dem Satz: «Die Reichen werden immer reicher, die Armen immer ärmer.»

Schaut man genau hin, ist die Lage eine etwas andere. Deutschland hat in den letzten Jahren – wie kaum ein anderes Land in Europa – Menschen aufgenommen, die aus ganz verschiedenen Gründen nicht oder noch nicht in der Lage sind, ihren Lebensunterhalt durch Erwerbstätigkeit mit gutem Einkommen selbst zu erwirtschaften. Oder die in Berufen arbeiten, in denen nur unterdurchschnittlich verdient wird. Je mehr arme Menschen wir aufnehmen, desto mehr arme Menschen leben hier. Je mehr arme Menschen hier leben, desto lauter ertönt der Vorwurf der sozialen Ungerechtigkeit. Finde den Fehler!

10 % der Haushalte mit den höchsten Einkommen zahlen etwa 50 % des gesamten Aufkommens an der Lohn- und Einkommensteuer. Dennoch sind viele der Meinung, die höheren Einkommen müssten noch höher besteuert werden – natürlich wegen sozialer Gerechtigkeit. So kann man auch Leistungsträger demotivieren!

Es gibt aber auch Konflikte auf ganz anderer Ebene, bei denen es nicht um gesellschaftliche Spaltungstendenzen geht, sondern um die Vertiefung der Gräben zwischen den Parteien. Da hat die Ampel z. B. ein Wahlrecht beschlossen, das unter der Chiffre «Verkleinerung des Parlamentes» darauf abzielt, kleinere Parteien aus dem Parlament zu drängen. Das betrifft zwei ganz unterschiedliche Lager: CSU und Die Linke. Das ist eine neue Qualität des Parteienkampfes.

Selbst wenn die CSU alle Direktmandate in Bayern gewönne, wäre es wegen des Wegfalls der Grundmandatsklausel möglich, dass sie im zukünftigen Bundestag nicht vertreten ist, wenn sie mit den Zweitstimmen nicht über

5 % kommt. Bisher herrschte parteiübergreifend das Verständnis, dass Mehrheiten ihre Macht nicht dazu nutzen, die kleinere Konkurrenz zukünftig aus dem Parlament fernzuhalten. Im Gegenteil: Zur parlamentarischen Praxis gehörten auch immer Minderheitenrechte, die von der Mehrheit akzeptiert wurden.

Die Ampel war sich auch nicht zu schade, bei der Sitzordnung im Plenarsaal die Union ganz bewusst direkt neben die AfD zu setzen, um sie auch auf diese Weise symbolisch aus der politisch-parlamentarischen Mitte zu verdrängen.

Die Bundestagsverwaltung hat dies in offiziellen Mitteilungen mit «CDU/CSU und FDP *müssen* ihre Plätze tauschen» erklärt. Gerade so, als sei der Platztausch eine zwingende Folge des Wahlergebnisses zum Deutschen Bundestag. Tatsächlich hat das die Ampel mit ihrer Mehrheit erzwungen.

Das alles ist keine gute Entwicklung, denn hier werden zwischen demokratischen Parteien künstlich Gräben vertieft.

Warum sind die Debatten unversöhnlicher geworden, wie Sie sagen?

Wer die Bundestagsdebatten der letzten Monate beobachtet hat, konnte leider feststellen, dass beide Seiten – Regierung wie Opposition – eher das Gegensätzliche betonen, als nach Gemeinsamkeiten zu suchen. Die Bereitschaft zum Zuhören lässt nach, die Bereitschaft zum Kompromiss erst recht. Das könnte auch daran liegen, dass dem Wort «Kompromiss» irgendwie der Beigeschmack des Faulen anhaftet.

Für viele hat das Wort eine eher negative Konnotation. So nach dem Motto: «Nichts Halbes und nichts Ganzes.»

> Die Bereitschaft zum Zuhören lässt nach, die Bereitschaft zum Kompromiss erst recht.

Kompromisse können aber auch konstruktiv sein, einen Streit befrieden oder zu einem vernünftigen Ausgleich widerstreitender Interessen führen. Wichtig ist, dass man ihn mit guten Argumenten sachlich begründen kann.

In der Politik werden dann immer gerne «Pakte» geschmiedet, wo möglichst übergreifend alle einer Meinung sind und an einem Strang ziehen sollen. Ich gebe zu, dass ich sofort skeptisch werde, wenn in der Politik Pakte angeboten oder gefordert werden, weil es die Zuständigkeiten und am Ende die Verantwortung verwischt. Politik ist Wettbewerb und kein Ringelpiez mit Anfassen. Eine gewählte Regierung muss Probleme lösen, dazu hat sie ein Mandat. Wenn die Opposition gebraucht wird, muss man Zugeständnisse machen. Mit einem Pakt lullt man die Opposition ein, damit sie hinterher nicht kritisieren kann. Wir haben das beim sogenannten «Deutschland-Pakt» von Olaf Scholz erlebt. Wie sehen Sie das?

Bei widerstreitenden Ansichten und Interessen wird oft verlangt, dass sich die Parteien mal an einen Tisch setzen, die Köpfe rauchen lassen und dann nach zähem Ringen mit einem guten Ergebnis vor die Öffentlichkeit treten. Das allerdings ist leichter gesagt als getan. Die Meinungsunterschiede bleiben ja.

Wenn es unpopulär wird oder die Opposition dringend gebraucht wird, etwa bei der Notwendigkeit verfassungsändernder Mehrheiten, wird Olaf Scholz immer staatstragend. Dann lädt er die Opposition gerne zur Mitarbeit ein, wirbt um deren Zustimmung. In der Tat war der «Deutschland-Pakt» so eine Nummer. Hörte sich nach ganz großem Kino an, tatsächlich war es eher eine Art Kurzfilm, um nicht zu sagen Trickfilm.

In der Tat war der «Deutschland-Pakt» so eine Nummer. Hörte sich nach ganz großem Kino an, tatsächlich war es eher eine Art Kurzfilm, um nicht zu sagen Trickfilm.

Olaf Scholz hat es gerne wolkig, unverbindlich. Wenn ihm sein Angebot ernst gewesen wäre, hätte er diesen Pakt von Anfang an inhaltlich mit Leben füllen, ihn konkretisieren und mit einem präzisen Zeitplan ausstatten müssen. Die Idee war wohl eher rein taktischer Natur. CDU und CSU sollten eingebunden werden, damit sie für etwaige negativen Folgen mit haftbar gemacht werden konnten. Wird das ein Erfolg, sammelt der Kanzler die Pluspunkte ein, läuft irgendwas schief, war die Union ja mit dabei.

Friedrich Merz hat unlängst gesagt, es gäbe Umfragen, wonach etwa 80 % der Deutschen der Ansicht sind, die Opposition sei dazu da, der Regierung zu helfen, wenn es um wichtige Dinge geht. Deshalb könne er zwar mit klarer Kante 20 %

der Wähler zufriedenstellen, das reiche aber nicht, und deshalb müsse er auch eine konstruktive Tonlage anschlagen. Was ist Ihre Erfahrung? Wollen die Leute lieber bei klaren Wortgefechten und Auseinandersetzungen zugucken oder sind sie sozusagen Appeasement-freundlich?

Merz hat recht. Auf der einen Seite möchten die Leute, dass die politischen Unterschiede zwischen Regierung und Opposition klar erkennbar sind, damit eine politische Alternative zum Regierungshandeln deutlich wird; auf der anderen Seite erwarten sie gerade von der Union eine konstruktive Zusammenarbeit mit der Regierung, wenn diese vernünftige Pläne verfolgt oder gar auf die Union angewiesen ist. Also: Nicht Opposition um der Opposition willen, die Union soll auch in der Opposition staatstragend auftreten.

Diese Haltung kann ich gut verstehen, denn Streit um des Streites willen war in der Bundesrepublik noch nie besonders populär. Eine konstruktive Haltung, da bin ich mir sicher, wird der Union auf Dauer mehr nutzen als schaden.

Zu einem ganz anderen Thema, mit dem ich schon bei vielen Interviews und Pressekonferenzen Politiker freundlich überrascht habe: Wie viele Geschlechter gibt es?

Zwei.

Das ist die kürzeste und präziseste Antwort, die ich darauf bisher bekommen habe. Friedrich Merz hat mal gesagt: «Mindestens zwei.» Was hier vermischt wird, ist die eindeutige Biologie und das sogenannte soziale Geschlecht. Eigentlich könnten beide völlig konkurrenzlos und unproblematisch nebeneinander bestehen. Aber das funktioniert offensichtlich nicht, weil die eine Seite darauf besteht, dass das soziale Geschlecht das eine, verbindliche sein soll. Oder wie es die Familienministerin gesagt hat: «Eine Transfrau ist eine Frau.» Insofern ist es immer wieder interessant, mit dieser Frage zu testen, wie weit die Verunsicherung auch im bürgerlichen Lager schon fortgeschritten ist.

Ich würde es als Problem niemals unterschätzen, dass es für die Betroffenen eine ganz persönliche Tragödie ist, wenn sie aus ihrer Sicht «im falschen Körper» geboren wurden. Dass jemand biologisch ein Mann ist und sich als Frau fühlt oder umgekehrt. Ich käme nie auf den Gedanken, dies auch nur zu belächeln oder als irrelevantes Problem zu charakterisieren. Aber den Glauben, dass man dieses Problem mit einem Gesetz lösen kann, das es ohne weitere Voraussetzungen ermöglicht, einmal pro Jahr sein Geschlecht zu ändern, den habe ich nicht. Und eine biologische Tatsache mit sozialer Argumentation zu leugnen, ist problematisch.

Es stellt sich aber auch insgesamt die Frage, warum eigentlich Gender-Themen in verschiedenster Ausformung – es beginnt bei der Sprache und endet noch lange nicht bei Unisex-Toiletten –, wieso also solche identitätspolitischen Themen so groß werden können, die Debatten beherrschen und so unversöhnlich ausgetragen werden. Die Unklarheit über das eigene Geschlecht beispielsweise betrifft eine gesellschaftliche Gruppe von nicht mal einem Prozent.

> Wenn Sie so lange Politik machen wie ich, wundern Sie sich irgendwann über gar nichts mehr.

Wenn Sie so lange Politik machen wie ich, wundern Sie sich irgendwann über gar nichts mehr. Natürlich kann man in der Politik nicht ernsthaft die Ansicht haben, ein Problem nehmen wir erst dann zur Kenntnis, wenn mindestens 5, 10 oder 15 % der Bevölkerung betroffen sind. Das Verhältnis zwischen Aufregung und Berichterstattung inklusive Kommentare einerseits und der Realität andererseits ist atemberaubend. Wenn ich die Medien aufmerksam verfolge, müssten mittlerweile 70 % Vegetarier sein und 80 % ein E-Auto fahren. Und bei der Berichterstattung rund um die Fußball-WM mit ihrem völlig falschen Austragungsort Katar werden nach einigen Tagen viele geglaubt haben, das wichtigste Thema sei hier nicht der Sport, sondern das Tragen der Regenbogenbinde. Bin gespannt, welches Fass bei der EM im eigenen Land aufgemacht wird, was dann wieder den Sport überlagert.

Woran liegt das?

An den Themen, die in den Medien eine sehr große Rolle spielen und von denen in den Redaktionsstuben bestimmt ganz viele denken, dass das auch das breite Publikum interessieren könnte – und wenn nicht, dann hat es sich gefälligst dafür zu interessieren. Gut möglich, dass auf diese Weise Randthemen viel Platz in den Medien einnehmen, aber so gut wie keinen im Alltag der Menschen.

Das gilt aber nicht nur für die Politik oder den Sport. Für wen ist es wirklich relevant, ob die Pochers noch zusammen sind, ob sie sich getrennt haben, eine On-off-Beziehung führen, ob sie sich auf irgendeinem Event zufällig oder absichtlich begegnet sind? War er mit einer anderen dort? Ach du meine Güte, wer muss das wissen? Jede gesperrte Autobahnabfahrt ist da interessanter.

Welche Medien nutzen Sie denn?

So ziemlich alles, was ich zu packen bekomme, zunehmend auch die elektronischen. Zu Hause bekomme ich tagtäglich die Bergische Landeszeitung/Kölnische Rundschau, ich könnte mir auch den Kölner Stadt-Anzeiger bestellen, Unterschiede sind nicht mehr zu erkennen. Kein Wunder, ist ja ein Mutterhaus.

Ich muss oft in Hotels übernachten, manchmal gibt es dort elektronische Angebote, manchmal noch die gute, alte Zeitung im Papierformat. Die liebe ich. Vor dem Frühstück ist es für mich wichtig, dass ich mich nicht aufrege, also die WELT oder die FAZ. Falls vorhanden, gerne auch die NZZ.

Ich greife sogar gelegentlich zur taz, insbesondere wegen großartiger Überschriften. «Holzmann rettet Schröder», das war journalistische Extraklasse. Ebenso «Wir sind Papst». Okay, das war die taz vom anderen Ufer, die BILD. Dann noch den Tagesspiegel, eigentlich mein Favorit, aber auch die Frankfurter Rundschau und die Berliner Zeitung.

Früher habe ich auch gerne zur SZ gegriffen, aber seit der Causa Aiwanger bin ich nachdenklich geworden. Da hatte die SZ ganz sicher gedacht, sie könne mit durchgestochenen Uralt-Enthüllungen die Freien Wähler marginalisieren, dadurch die CSU in die Bredouille und die Grünen an die Regierung bringen. Das ging gründlich daneben. Erreicht hat sie am Ende exakt das Gegenteil.

In München und drum herum hat die SZ sicherlich noch ihre Stammleserschaft, auch wegen eines überragend guten Lokalteils. Aber ansonsten? In der CSU gibt es das Bonmot: «Wenn wir das Gegenteil von dem tun, was die SZ von uns will, dann liegen wir richtig.»

> In der CSU gibt es das Bonmot: «Wenn wir das Gegenteil von dem tun, was die SZ von uns will, dann liegen wir richtig.»

Nachdenklich werde ich immer, wenn mir bei der Lektüre eines Artikels nicht klar ist, ob die Passage noch zur Berichterstattung gehört oder eher in die Kommentarspalte. Früher war beides strikt getrennt. Okay, DER SPIEGEL hat diesen Stil der Vermengung von Bericht und Kommentierung schon immer gepflegt, aber mittlerweile findet er immer mehr Nachahmer. Ich bevorzuge die klare Trennung. Ich möchte zunächst und in erster Linie objektiv informiert werden. Betreutes Denken brauche ich nicht.

> Ich möchte zunächst und in erster Linie objektiv informiert werden. Betreutes Denken brauche ich nicht.

Ich lasse mich auch gerne journalistisch überraschen. Beim Tagesspiegel weiß ich nie genau, was mich inhaltlich erwartet. Wenn Heribert Prantl, ganz zweifellos ein kluger Kopf und erfahrener Journalist, zur Feder greift, muss ich den Artikel eigentlich nicht lesen, weil ich weiß, was kommt.

Die Süddeutsche Zeitung ist deshalb ein gutes Beispiel, weil es ja ein eigentümliches Phänomen ist: Solange es die Zeitung gibt, arbeitet sie sich an der CSU ab. Und gleichzeitig hat die CSU im selben Zeitraum durchweg immer die Regierung gestellt. Mit anderen Worten: Da ist ein Medium nicht bereit zu akzeptieren, dass für die Menschen im Lande, die die Wählerstimmen abgeben, andere Kriterien wichtig sind als für den kommentierenden Redakteur. Und es gibt über die Jahrzehnte in diesem Punkt keinen Erkenntniszuwachs in der Redaktion; das Meinungsspektrum der SZ ist festgemauert in der Erden wie weiland die Glocke von Schiller. Ist das ein Synonym für die gesamte Medienlandschaft?

So weit würde ich nicht gehen, aber der sozio-kulturelle Unterschied zwischen den Verhältnissen in der Landeshauptstadt München und dessen Speckgürtel und dem übrigen Freistaat ist nicht zu übersehen. In München selbst spiegelt die SZ den Geschmack des Publikums und dessen, was man dort lesen möchte, offensichtlich gut wider. Aber wenn man nur dreißig Minuten die Stadtgrenzen in Richtung Süden oder Norden verlässt, trifft man auf ein politisch ganz anderes Meinungsklima und andere politische Präferenzen. Wenn die SPD in der Vergangenheit in Bayern irgendwo Direktmandate erwerben konnte, dann vornehmlich in München. Aber Bayern ist ein großes Bundesland und wesentlich vielschichtiger als die Metropole Oberbayerns.

Wenn Sie so viele Medien konsumieren, haben Sie den Eindruck, dass die deutsche Medienlandschaft ausgewogen ist? Also dass die Stimmen von rechts und links und Mitte genauso zahlreich, laut und vernehmbar sind?

Ein Linker würde jetzt sagen: Ja, selbstverständlich. Ein eher Konservativer: Nein, nicht wirklich! Wenn dem so wäre, hätte die NZZ nicht so viele Leser aus Deutschland. Konservative Stimmen hatten es aber in der Medienlandschaft immer schwerer als links-alternative. Die größten Demonstrationen in der Nachkriegszeit gab es vor gut vierzig Jahren auf der Bonner Hofgartenwiese. Über 400 000 Menschen protestierten damals gegen den NATO-Doppelbeschluss und gegen Helmut Kohl. Einige hatten da offensichtlich die Orientierung verloren, denn mitinitiiert wurde der Beschluss von seinem Amtsvorgänger Helmut Schmidt (SPD). Wie dem auch sei: Die Union hatte damals nicht nur eine Mehrheit der Bevölkerung gegen sich, sondern eine breite Mehrheit der Medien. Dies sei der Beginn eines neuen Wettrüstens, die Kriegsgefahr würde steigen, der Dritte Weltkrieg würde ein atomarer sein usw. usw.

> Wer den Zeitgeist heiratet, wird schnell Witwe.

Heute wissen wir: Es kam alles völlig anders als befürchtet und vorhergesagt. Zum ersten Mal echte Abrüstung, der sozialistische Block geriet ins Wanken und zum Schluss fiel die Mauer. Deshalb: Immer schön auf Kurs bleiben. Wer den Zeitgeist heiratet, wird schnell Witwe.

Dass in den Medien vernehmbar gegendert wird, während man es privat oder auf der Straße oder im Supermarkt eigentlich nie hört, dass es bestimmte Sprachregelungen zum Beispiel für Clan-Kriminalität gibt, wo dann von «Großfamilien» die Rede ist, oder dass man bei der Lektüre der SZ zu dem unzutreffenden Schluss kommen muss, wenigstens die Hälfte aller Familien in Deutschland seien Regenbogen- oder Patchworkfamilien … Sind die Medien inzwischen eine Welt für sich?

Eine Welt, in der sich viele – zu viele – mit mehr oder weniger großer Intensität darum bemühen, in die Welt da draußen ihre Sicht der Dinge zu implementieren. Wenn Redaktionen anstelle des etablierten Begriffes «Clan» der Formulierung «arabische Großfamilien» den Vorzug geben, dann wird es unfreiwillig komisch. Bei dem Wort «Clan» schwingt immer das Wort «Kriminalität» mit. Da weiß jeder, wovon die Rede ist. Aber es lässt sich doch nicht jede große, arabischstämmige Familie diesem Milieu zuordnen! Es gibt auch Familien, die nie mit dem Gesetz in Konflikt geraten sind.

Bereits 1998 konnte man im Focus lesen: «Rätselhafter Reichtum … In Celle erwarben anatolische Clans bereits 500 Häuser.» In der Folge ging es um «dubiose Geldquellen». Da passte das Wort Clan viel besser als arabische Großfamilien. Clan ist ausdrucksstark, arabische Großfamilie diffus. Vielleicht soll dieser Begriff ja gerade deshalb

Verwendung finden. Damit den Lesern gar nicht auffällt, dass es hier um den Verdacht von organisierter Kriminalität geht.

Das Wort «Asylant» war immer abwertend und deshalb zu Recht verpönt. Die Formulierung «Asylbewerber» war präziser. Dann verschwand auch dieser Begriff immer mehr und wurde durch den Sammelbegriff «Flüchtling» ersetzt. Dadurch wurde es unschärfer, denn es ist ein großer Unterschied, ob jemand unter Berufung auf das Asylrecht gemäß Artikel 16a GG hier Schutz sucht oder aus anderen Gründen.

Dann wurde aus dem akzeptablen Begriff «Flüchtling» auf einmal der «Geflüchtete» – mal sehen, was noch alles kommt. Auf Nachfrage, warum aus den Flüchtlingen plötzlich sprachlich Geflüchtete wurden, wurde mir erklärt, die Endsilbe -ling sei negativ konnotiert. Da war ich überrascht. Für mich war der Häuptling bis dahin der Chef im Ring. Auf einmal wurde er sprachlich mit spitzen Fingern angefasst. Der Säugling gilt als süß, der Zwilling war bisher auch nicht auf der sprachlichen Abschussliste. Nun denn. Als zweifacher Großvater kann ich glaubhaft versichern, dass unsere Jüngste ihre Babys immer als Säugling und nie als Gesäugte bezeichnet hat. Wer würde auch so was machen?

Bei der sprachlichen Umwandlung der Flüchtlinge zu den Geflüchteten hat man offenkundig übersehen, dass es sich bei dem Wort «Flüchtlinge» eben nicht nur um eine Sammelbezeichnung handelt, sondern – wie bereits erläutert – auch und gerade um einen Rechtsbegriff. Denn die Flüchtlingseigenschaft muss nach einem förmlichen Anerkennungsverfahren ausdrücklich zuerkannt werden. Sie ist

Ausdruck eines rechtlich anerkannten Schutzbedürfnisses. Vermutlich ist der Sprachwandel deswegen vorgenommen worden, um genau diese Unterscheidung einzuebnen. Legal, illegal, egal.

Bei Zwilling, Frühling, Findling, Schmetterling oder Liebling kann ich dieser Logik allerdings auch nicht so recht folgen …

Auf Liebling bin ich selbst noch gar nicht gekommen. Ist doch auch nicht abwertend, sondern betont positiv gemeint.

Aber beim Thema Flüchtlinge/Geflüchtete geht es mittlerweile immer weiter. Der jüngste Trend besteht darin, einfach alle irregulär Eingereisten als «Ankommende» oder «Schutzsuchende» zu bezeichnen, um alle Unterschiede zwischen legaler und illegaler Einreise und unberechtigt und berechtigt aus humanitären Gründen schutzsuchend sprachlich einzuebnen. «Jetzt sind sie halt mal hier.»

Besonders interessant ist dabei der Begriff «Schutzsuchende», denn er insinuiert, dass ausnahmslos alle, die irregulär eingereist sind, in gleicher Weise humanitär schutzbedürftig wären. Was objektiv unzutreffend ist.

Fazit: Auch mit Sprache kann man Politik machen.

Dann allerdings dürfen sich viele Medien über nachlassende Auflagen und Reichweiten weder wundern noch beklagen. Das hat nichts mehr mit den neuen Medien, mit veränderten Seh- und Lesegewohnheiten zu tun, sondern vor allem mit der wachsenden Entfernung und Entfremdung zwischen Produkten und Konsumenten. Wenn sich die mediale Berichterstattung – sprachlich und inhaltlich – allzu

Auch mit Sprache kann man Politik machen.

sehr von der realen Welt entfernt, in der der Kunde Tag für Tag lebt, dann legt er dieses Produkt irgendwann aus der Hand. Vom Gendern ganz zu schweigen. Wer glaubt, mit Sternchen und/oder Unterstrich die «Lesenden» begeistern zu können, der darf sich nicht wundern, wenn die Kunden ihm nicht die Bude einrennen. Dafür gibt es sicherlich eine Zielgruppe, die ist allerdings vergleichsweise überschaubar. Aber sicher dankbar.

Sie sind als Politiker lange Zeit selbst Gegenstand von Berichterstattung gewesen. Wie haben Sie das empfunden? Wurden Sie immer fair behandelt?

Unter dem Strich – ja. Ich kann mich nur an ganz wenige Fälle erinnern, bei denen ich gedacht habe: Das ist jetzt aber so weit von der Wahrheit entfernt, da musst du mal protestieren. Habe ich auch gelegentlich gemacht, aber nur sehr selten. Bringt ja doch nix. Die sitzen an einem viel längeren Hebel! Wer unbedingt etwas Negatives senden oder schreiben will, dem fällt etwas Negatives ein, da lässt sich mit viel Mühe bestimmt was finden.

Im Laufe der Jahre habe ich zwei Dinge gelernt, genauer gesagt, aus bitterer Erfahrung lernen müssen:

Erstens: Im 21. Jahrhundert kommt es nicht mehr darauf an, was man tatsächlich gesagt oder gemeint hat, sondern was man aus dem Gesagten machen kann. Wie kann man das Gesagte so umdeuten, dass es sich skandalisieren lässt? Fragen Sie mal Friedrich Merz.

Zweitens: Es gibt nicht nur die klassische, gegendarstellungsfähige Unwahrheit; es gibt auch die Methode der Wahrheitsverzerrung, gegen die man sich rechtlich nicht zur Wehr setzen kann. Das passiert durch das bewusste Weglassen von Fakten, eine Verkürzung des Sachverhaltes, um mit der Rumpfmeldung einen bestimmten Eindruck zu erzeugen. Was nicht passt, wird nicht etwa passend gemacht, sondern einfach weggelassen.

> Im 21. Jahrhundert kommt es nicht mehr darauf an, was man tatsächlich gesagt oder gemeint hat, sondern was man aus dem Gesagten machen kann. Fragen Sie mal Friedrich Merz.

Haben Sie Ihren Sprachgebrauch auf diese Missbrauchsmöglichkeiten eingerichtet?

Ja. Im Laufe der Zeit habe ich mich immer mehr darum bemüht, so zu formulieren, dass Umdeutungen nicht mehr möglich sind. Vor allem: keine Erklärsätze zu Beginn oder am Ende. Die fallen zu 90 % der Schere zum Opfer. Deshalb liebe ich ja live! Da kann nichts geschnitten werden, das ist immer 1:1.

CDU-Chef Friedrich Merz ist in diesem Zusammenhang ein gutes Stichwort, weil er vor einiger Zeit mit dem Wort «Sozialtourismus» mit Blick auf ukrainische Flüchtlinge schwer in die Schlagzeilen geriet. Abgesehen davon, dass die Vokabel offizieller EU-Terminus ist, ist das Wort inzwischen zum ganz normalen Standard in der Debatte geworden, weil es inzwischen auch mehrere Fälle gegeben hat, wo man belegen konnte, dass Migranten immer wieder einen Asylantrag stellen. In einer Thüringer Stadt wurden 150 Ukrainer zwangsweise abgemeldet, weil sie gar nicht mehr da waren. Wie schwer ist es, die Frist zu überstehen zwischen so einem skandalisierten Ausspruch und dem Realisieren der breiten Öffentlichkeit, dass es eigentlich die Wahrheit ist?

Es ist wohl ein bisschen komplizierter. Nach meinen Informationen gab es vorher eine Sitzung der CDU/CSU-Bundestagsfraktion, auf der Abgeordnete berichtet hatten, dass es Fälle ukrainischer Flüchtlinge gäbe, die zwar hier Bürgergeld bezögen, aber regelmäßig zwischen der Ukraine und Deutschland pendeln würden. Das war dann wohl für Friedrich Merz der Anlass, dies zu thematisieren.

Mir war die Problematik aus einem anderen Zusammenhang bekannt. Selbst bei Personen, die wegen politischer Verfolgung im Heimatland hier um Schutz nachgesucht und ihn auch bekommen hatten, gab es einige, die gelegentlich in ihr Heimatland ausreisten – und wieder nach Deutschland zurückkamen. Da stellt sich natürlich die Frage: Wenn ich aus Furcht vor Verfolgung mein Heimatland verlassen habe, warum kehre ich dann zeitweise freiwillig wieder dorthin zurück – und was bedeutet das für meinen Aufenthaltsstatus hier?

Ich weiß aber, wie gefährlich es ist, derartige Themen öffentlich anzusprechen, wenn reflexartig behauptet wird, der «... hält alle Geflüchteten für Sozialtouristen». Dann wird aus einem einzigen Satz im Wege freier Interpretation etwas abgeleitet, was weder gemeint war noch gesagt wurde. Das kann jetzt Friedrich Merz auch nicht mehr trösten, aber so wie ich ihn kenne, wird er deshalb nicht eine völlig andere Tonalität wählen.

Wie erklären Sie sich das? Gibt es einen gewissen Willen zum Missverstehen oder ist es schlicht Böswilligkeit?

Nennen wir es einmal bewusstes Missverstehen. Friedrich Merz hat es in den meisten Medien ohnehin nicht leicht und manchem Artikel sieht man es an, wie viel Freude der Redakteur daran hatte, ihn zu kritisieren. Sollte Friedrich Merz Kanzlerkandidat der Union werden, ahne ich schon, was medial auf ihn und die Union zukommt.

Wenn Sie den Politikbetrieb heute beobachten – Sie sind ja auch öfter in Talkshows –, gibt es Sachen, auf die Sie allergisch reagieren? Bestimmte Politikerphrasen, die immer wieder kommen, «Lassen Sie mich zunächst meinen Wählerinnen und Wählern danken …» oder irgendwelche Angewohnheiten von Politikern, penetrantes Ausweichen bei Fragestellungen, Probleme «Herausforderungen» nennen oder Ähnliches, was Sie auf die Palme bringt?

Dazu ein konkretes Beispiel: Ich konnte vor einiger Zeit in der Sendung von Sandra Maischberger Otto Schily und Gregor Gysi beobachten. Beiden wurden naheliegende, aber unangenehme Fragen gestellt. Journalistisch völlig okay. Von Gysi wollte Maischberger erfahren, wie er die Parteigründung von Sahra Wagenknecht bewertet, und

Schily befragte sie nach seinem aktuellen Verhältnis zu Gerhard Schröder. Beide haben mehr oder weniger unverblümt geantwortet, zu diesen Themen seien sie nicht eingeladen worden, das gehöre nicht hierhin, dazu würden sie nichts sagen. Das hat Sandra Maischberger dann auch akzeptiert.

Das ist mir lieber, als wenn Politiker um eine Frage herumschwadronieren, viel reden, aber nichts sagen. Nerven tun mich weniger die erwähnten Politikerfloskeln als das Schönreden schlechter Wahlergebnisse, so nach dem Motto: «Ja, aber 1963 haben wir beim Kommunalwahlkampf in Castrop-Rauxel noch schlechter abgeschnitten.»

Mich stören am meisten ausbleibende Nachfragen von Moderatoren, wenn sich ein Gast erkennbar weigert, eine konkrete Frage auch konkret zu beantworten. Das aber gibt es überall. Der Klassiker: «Stehen Sie noch voll hinter dem Trainer?» Antwort: «Die Mannschaft hat Qualität. Habe heute auch viel Gutes gesehen. Am nächsten Samstag wollen wir den nächsten Schritt machen. Der Trainer kann doch nichts dafür, wenn der Ball an den Pfosten, aber nicht ins Tor geht.» Tippe, zwei Wochen später ist der gute Mann seinen Job los.

Aus Fehlern lernen!

Was Deutschland jetzt braucht

Jetzt haben wir alles Mögliche durchdekliniert, was in diesem Land nicht funktioniert. Wo bleibt denn das Positive? Also wie helfen wir Deutschland jetzt auf die Beine? Wer, wenn nicht wir, wäre dazu prädestiniert?

Jetzt muss ich aber herzhaft lachen, denn eine ähnliche Frage wurde mir im Herbst 2023 bei einer Podiumsdiskussion gestellt: «Was macht Ihnen Hoffnung für 2024?» Spontane Antwort: «Julian Nagelsmann.» Das war aber noch vor den Spielen gegen die Türkei und Österreich …

Hoffnung macht mir, dass die Ampel nach der für sie desaströsen ersten Halbzeit dieser Wahlperiode zur Erkenntnis kommen könnte, dass es so in der zweiten Hälfte nicht weitergehen kann. Nicht weitergehen darf! Trotz einer schwierigen ökonomischen Lage bleibt noch festzuhalten, dass wir traditionell – auch wenn es manchmal knirscht – ein gutes Verhältnis zwischen den Tarifpartnern haben, dass unsere Produktivität hoch und «Made in Germany» immer noch Markenzeichen ist.

Unsere Demokratie ist gefestigt, wir haben eine unabhängige Justiz, eine freie Presse und in der Grundlagenforschung sind wir nach wie vor sehr gut. Die Max-Planck- und die Fraunhofer-Gesellschaft haben internationales Renommee. Wir haben in vielen Bereichen Hunderte von Unternehmen, die Weltmarktführer sind. Unser System der dualen Ausbildung ist weltweit vorbildlich.

Auch gelingt es uns immer wieder, bereits vorhandene Produkte immer weiter zu verbessern. Beim Thema disruptive Entwicklungen sind uns andere allerdings voraus. Beim Neuen überwiegt oft Skepsis.

Sind Sie auch der Meinung, dass diese Vorzüge immun sind gegen die Stürme der Zeit? Dass wir auch in Zukunft darauf werden bauen können, oder gibt es da Gefahren? Ich frage das unter anderem deshalb, weil ich Menschen kenne, deren Grundvertrauen in den deutschen Staat gerade durch die Corona-Zeit schwer erschüttert wurde – nicht nur, weil Grundrechtseingriffe vorgenommen wurden, die sich oftmals als gar nicht sinnvoll erwiesen haben, sondern weil man mitunter den Eindruck hatte, dass die Justiz zum willigen Helfer der Regierung geworden ist. Kann es sein, dass sich da irgendetwas aufweicht und autoritärere Versuchungen im Anmarsch sind?

Während der Corona-Pandemie hat die Politik einen schweren Fehler gemacht und dadurch viel Vertrauen verspielt. Die Bevölkerung wurde in zwei große Gruppen unterteilt. Auf der einen Seite diejenigen, die alle staatlich verordneten Maßnahmen ohne Zweifel und Nachfragen akzeptiert und auch befolgt haben. Dort gab Karl Lauterbach den Ton an, dem jeden zweiten Tag etwas Neues einfiel, wovor dringend «jewarnt» werden musste, meistens unter Hinweis auf

«Studien aus Harvard, von exzellenten Wissenschaftlern», die er natürlich zu einem großen Teil persönlich kannte.

Auf der anderen Seite die Skeptiker und Gegner, die sofort als Verschwörungstheoretiker, Aluhut-Träger, Covidioten, kurz als die komplett Verpeilten verschmäht wurden. Die wurden nicht ernst genommen und aus der öffentlichen Diskussion verbannt.

Übersehen wurde Gruppe Nr. 3, und die war gar nicht so klein. Hier versammelten sich all jene, die weder an der Ernsthaftigkeit einer Infektion durch Corona-Viren zweifelten noch daran, dass staatlicherseits Handlungsbedarf zwecks Eindämmung der Pandemie bestand.

Aber diese Gruppe hatte an die Politik viele Fragen: Sind die verordneten Schutzmaßnahmen evidenz- oder vermutungsbasiert? Ist es wirklich schlüssig, Supermärkte, Apotheken, Drogerien und sogar Baumärkte offen zu halten, nicht aber Schuhgeschäfte? Vor allem: Sind alle Maßnahmen verhältnismäßig – oder schießen sie über das Ziel hinaus? All diese Fragen waren legitim und berechtigt. Aber sie wurden nicht ernst genommen.

Viele seriöse und erfahrene Wissenschaftler waren ebenfalls skeptisch, fanden aber «oben» kein Gehör. Also wurde die Justiz bemüht. Zwar hatten Klagen überwiegend keinen Erfolg, aber einige doch! Offenbar waren nicht wenige Gerichte der Auffassung, die Politik wisse schon, was richtig ist. Vielleicht auch deshalb, weil die Justiz, namentlich das Bundesverfassungsgericht, der Politik eine sogenannte «Einschätzungsprärogative» zubilligt, die nicht rechtlich überprüft und ggf. korrigiert werden kann.

Soll heißen: Wenn die Politik bei einer bestimmten Entscheidung davon ausgeht, dass diese bestimmte Folgen haben wird – hier: Eindämmung der Pandemie –, dann kann das Gericht dies nicht korrigieren. Es sei denn, die Einschätzungen widersprechen den Gesetzen der Logik oder die Unwirksamkeit von Maßnahmen steht diesen quasi auf der Stirn geschrieben.

Ich hoffe sehr, dass wir von einer Pandemie II verschont bleiben. Falls wir doch wieder heimgesucht werden, werden die Gerichte vermutlich skeptischer sein als im Zeitraum 2020 bis 2022. Auch wegen der wissenschaftlichen Erkenntnisse, die heute vorliegen, und der Tatsache, dass Länder mit einem wesentlich liberaleren Kurs ähnliche Ergebnisse erzielt haben wie Deutschland. Interessant ist beispielsweise ein Vergleich der Zahlen von North und South Dakota/USA. Beide Staaten haben völlig unterschiedliche Wege beschritten, aber ähnliche Resultate erzielt.

Wer erinnert sich nicht an die Vorgabe «Joggen im Freien nur mit Maske», über die heute gelacht wird? Allerdings gab es Länder mit noch strikteren Regeln, z. B. Spanien, aber auch das genaue Gegenteil, wie Schweden. In Deutschland wollten der Bund und die Länder («Team Vorsicht») den ganz, ganz sicheren Weg gehen. In der Folge kam es, je nach Betrachtung, zu Grenzüberschreitungen oder Übergriffigkeiten des Staates zulasten der Bevölkerung. Das war der Grund für den fortschreitenden Vertrauensverlust.

Selbst politisches Top-Personal wie der heutige Bundeskanzler Olaf Scholz hatten zeitweise die Orientierung verloren. Noch im Bundestagswahlkampf 2021 hatte er sich für freiwillige Impfungen – aber gegen eine allgemeine Impf*pflicht* – ausgesprochen. Wenige Monate später war er ein begeisterter Anhänger einer Pflichtimpfung – selbst nachdem in Österreich diese Pflicht ein Staatsbegräbnis erster Klasse bekommen hatte.

Wie hat Corona die Politik verändert?

Ich glaube, Corona hat die Politik mehr verändert, als die Politik Corona verändert hat. Insbesondere Karl Lauterbach hat jahrelang das Märchen erzählt: Ihr müsst nur alle mir und meinem Weg folgen und alles wird gut. Wir erleben, dass Länder wie beispielsweise Schweden, die genau das Gegenteil gemacht haben, besser abgeschnitten haben als die Bundesrepublik Deutschland. Jedenfalls in puncto Übersterblichkeitsrate. Schweden hatte EU-weit die niedrigste.

> Corona hat die Politik mehr verändert, als die Politik Corona verändert hat.

Ich persönlich war von zwei Dingen überrascht. Erstens, wie viele es doch gab, die klaglos alle Freiheitseinschränkungen akzeptiert haben, auch weil Lauterbach immer wieder erzählt hat: Achtung, wenn ihr mir nicht folgt: Tragödie! Apokalypse! Das Ende! Killervariante! Da hat er das Volk jahrelang geschickt, aber in der Sache falsch in Angst und Schrecken versetzt. Was mich gewundert hat, ist, dass nicht mehr nachgefragt wurde: Stimmt das eigentlich alles, was der uns da erzählt?

Das andere war, wie schon angesprochen, dass zu schnell zwei Gruppen gebildet wurden – die Braven und die Verschwörungstheoretiker – und dass die dritte Gruppe trotz ihrer Größe in der Öffentlichkeit kaum vorgekommen ist – in den Medien allemal nicht.

War das ein Probelauf für massive Grundrechtseingriffe? Kommt demnächst der nächste Anlass und wir werden wieder sehen, dass die Grundrechte wenigstens zurechtzubiegen sind, ohne dass es irgendwelche Folgen hat?

Das glaube ich deshalb nicht, weil es im Moment doch berechtigte Zweifel gibt an der Verhältnismäßigkeit der Corona-Maßnahmen. Es gab auch einige gerichtliche Entscheidungen, die das korrigiert haben. Nicht alle Klagen, nicht alle einstweiligen Verfügungen hatten Erfolg; aber es gab doch viele Gerichte, die gesagt haben: Halt, so nicht! Mittlerweile rudert gerade Lauterbach wieder stark zurück, insbesondere beim Thema Kita, Schule, Kontakteinschränkungen, in der Folge soziale Probleme gerade bei Kindern und Jugendlichen.

Zudem muss man der Politik bzw. der Bundesregierung eines zugutehalten: Wenn man von der Spanischen Grippe absieht, war die Situation ohne historisches Vorbild in der Neuzeit. Die Politik war sehr unsicher und da galt die Prämisse «Safety first» – obwohl auch ich mich bei manchen Maßnahmen gefragt habe, ob sie wirklich verhältnismäßig und zielführend sind. Aber man war sehr unsicher und wollte daher immer auf der sicheren Seite sein.

Lauterbach ist ja – wie Sie – Rheinländer, aber von rheinländischem Optimismus war bei dessen Politik nichts zu spüren.

Das war auch gar nicht sein Ziel. Er wusste ja genau: Wenn ich vorkommen will in der Öffentlichkeit, dann muss ich dramatisieren. Und jede Redaktion wusste: Wenn du Lauterbach einlädst, bist du auf der sicheren Seite, denn am nächsten Tag kommt die Schlagzeile: Lauterbach warnt vor xy. Und das kommt ja besser, als wenn man abgewogen argumentiert.

Lauterbach hat sich dann selbst in diese Spirale hineingedreht. Er musste immer schriller formulieren, um sich immer wieder selbst zu toppen. Da wurde mal Spanien beleidigt, ein anderes Mal Schweden kritisiert; so hat er sich in den Schlagzeilen gehalten und so ist er Bundesgesundheitsminister geworden.

Interessant ist ja: Melanie Brinkmann, eine der Hardlinerinnen damals – sie hat, glaube ich, auch die Null-Covid-Strategie verfolgt –, hat dieser Tage gesagt: «Wir wussten ja so wenig.» – Das hat sie damals gut zu verbergen gewusst. Werden wir uns daran gewöhnen müssen, dass die Politik einerseits sagt: «Die Wissenschaft hat's mir so gesagt, deshalb mache ich das jetzt» – und andererseits: «Upps, wir probieren's, war falsch, Entschuldigung.» – Ist das die neue Sorglosigkeit, gerade im Angesicht einer solchen Krise?

Wenn ich mal Revue passieren lasse, wofür wir schon alles Untersuchungsausschüsse gemacht haben – da wäre ein Untersuchungsausschuss wirklich mal angebracht. Von mir aus noch nicht mal so sehr, um jemanden auf die Anklagebank zu setzen, sondern zur Beantwortung der Frage: Was hat die Politik auf welcher Erkenntnisgrundlage entschieden? War es richtig oder war es fragwürdig, auch verfassungsrechtlich fragwürdig, und welche Schlussfolgerungen ziehen wir für die Zukunft daraus? – Ob man das Untersuchungsausschuss nennt oder Enquetekommission, das sei dahingestellt.

Aber bei einer solch epochalen Krise, und wenn kurze Zeit später schon gesagt wird: «Oh, da haben wir aber viele Fehler gemacht», können wir das so nicht stehen lassen; da müssen wir mal nachbohren.

Wie haben Sie die Rolle der Kanzlerin damals gesehen?

Die Kanzlerin war genau wie viele andere auch unsicher, wie sich das entwickeln könnte. Selbstverständlich muss sich eine Regierung von Epidemiologen, Virologen, Medizinern beraten lassen. Aber die politischen Entscheidungen muss sie selbst treffen. Da ist die Kompetenz gespalten: Wir haben die Bundeskompetenz, das Bundesinfektionsschutzgesetz, und wir haben die Länderkompetenz. Ich glaube, Angela Merkel war redlich bemüht, den Laden zusammenzuhalten, damit es nicht in den Ländern zu weit auseinandergeht.

Eine Spielgröße während der Corona-Pandemie war auch das Bundesverfassungsgericht. Das hat zum Beispiel die Entscheidung über die nächtlichen Ausgangssperren, die dringlich hätte gefällt werden müssen, aus meiner Sicht extra lange liegen lassen. Wie beurteilen Sie die Rolle Ihres Parteifreundes Stephan Harbarth, Präsident des Bundesverfassungsgerichts?

Wenn Stephan Harbarth jetzt hier sitzen würde, dann würde er bei allem, was ihm heilig ist, schwören, dass selbstverständlich nur verfassungsrechtliche Maßstäbe bei der Entscheidungsfindung zugrunde gelegt werden. Und dennoch weiß jeder, dass auch politische Opportunitätsfragen eine Rolle spielen. Wenn das Verfassungsgericht in dieser Situation nicht in Regierungsentscheidungen hereingrätscht, dann ist das für mich ein Indiz dafür, dass das Gericht selbst unsicher ist.

Es gab dann noch einen anderen Fall; da ging es um die Abendessen bei der Kanzlerin. Da hat sich das Verfassungsgericht selbst für unbefangen erklärt. Das sind so ungute Geschichten, wo der Laie sagt: «Die machen ja sowieso, was sie wollen.» Demontiert sich hier gerade eine der letzten noch geachteten Instanzen?

Das ist nicht das erste und nicht das letzte Mal gewesen, solche Gespräche oder Essen hat es schon öfter gegeben. In der Phase ist es sicherlich schwierig. Ob es geschickt war, dahinter kann man zurecht ein Fragezeichen setzen. Aber selbstverständlich werden Sie nie einen Verfassungsrichter oder eine Verfassungsrichterin finden, die Ihnen sagen: «Ja, wir haben uns an dieser Stelle beeinflussen oder beeindrucken lassen.» Karlsruhe spielt in einer eigenen Liga.

Wenn Sie sagen, das Verfassungsgericht war unsicher: Ist das nicht ein bisschen sehr höflich ausgedrückt? Haben die nicht schon eine eigene Agenda?

Das würden sie natürlich vehement bestreiten. Aber dass sie sich gut überlegen, welche politischen Auswirkungen es eigentlich hat, wenn sie Nein sagen, das kann ich mir schon gut vorstellen.

Sie sind ja auch Jurist. Ganz allgemein gefragt: Wundern Sie sich manchmal über Urteile des Bundesverfassungsgerichts? Gelegentlich hat man den Eindruck, wir sind inzwischen so verrechtlicht, dass das zu einer Art Autoimmunkrankheit geworden ist. Wenn man den öffentlichen Rundfunk reformieren will, dann stellt man fest, dass das Bundesverfassungsgericht gesagt hat: «Der öffentliche Rundfunk ist zentral für die demokratische Teilhabe.» Also Botschaft: Hände weg vom öffentlichen Rundfunk. Ähnliche Urteile gab es beim Klimaschutz, als das Bundesverfassungsgericht von «CO_2-relevantem Freiheitsgebrauch» gesprochen hat. Dann denkt man sich, Karlsruhe macht kurzerhand einfach selbst Politik, oder täuscht das?

Die Macht des Bundesverfassungsgerichtes basiert darauf, dass sich Legislative, Exekutive und die anderen Gerichte an dessen Rechtsprechung orientieren, dessen Entscheidungen zu respektieren haben. Das Bundesverfassungsgericht kann ja keine Gerichtsvollzieher losschicken, die seine Entscheidungen mit Zwangsmitteln durchsetzen. Karlsruhe hat immer das letzte Wort.

Danach gefragt, werden ausnahmslos alle Richterinnen und Richter des Bundesverfassungsgerichtes immer betonen, dass sie nur der Verfassung Geltung verschaffen, die Normen der Verfassung anwenden bzw. auslegen. Is klar.

Aber auch diese Richterinnen und Richter schlüpfen mit einer bestimmten politischen Haltung in ihre Roben, vielleicht sogar mit politischem Sendungsbewusstsein. Was sie natürlich bestreiten würden. Vehement sogar! Selbst wenn es weder Intention noch Absicht wäre, so wissen sie doch, dass viele Entscheidungen auch politisches Handeln beeinflussen oder sogar bestimmen. Siehe das Urteil zu den Entscheidungen der Ampel im Hinblick auf diverse Sondervermögen.

> Richterinnen und Richter schlüpfen mit einer bestimmten politischen Haltung in ihre Roben, vielleicht sogar mit politischem Sendungsbewusstsein.

Jetzt mal persönlich, Herr Bosbach!

Wir haben schon kurz Ihren Werdegang vom Marktleiter zum Politiker gestreift. Da kommen ganz verschiedene Erfahrungen zusammen, was bei vielen Politikern nicht der Fall ist. Haben Sie aus den verschiedenen Lebensabschnitten später in der Politik irgendetwas nutzen können?

Ja, auch deshalb wäre es sinnvoll, wenn Politiker aller Couleur zumindest einmal einige Zeit in einem ganz normalen, zivilen Beruf gearbeitet hätten – außerhalb des Politikbetriebes oder des viel zitierten vorpolitischen Raumes! In meiner Ausbildung zum Einzelhandelskaufmann habe ich mal gelernt: Ein unzufriedener Kunde sagt es sieben anderen weiter. Mindestens! Da gab es noch kein Social Media, da wurde noch nicht jede Enttäuschung in die Welt hinausgepostet. Heute kann man der Zahl sieben sicherlich mehrere Nullen anhängen.

Also habe ich bei meinem Dienstantritt als Supermarktleiter großen Wert darauf gelegt, über jede Reklamation informiert zu werden, um mit den Kunden persönlich zu sprechen. Dabei habe ich viele Erfahrungen gesammelt. Solange der Kunde noch kommt, auch wenn er etwas reklamiert, hast du ihn nicht verloren! Und wenn man respektvoll mit ihm umgeht, kann er ein treuer Stammkunde bleiben. Der Kunde, der ausbleibt, den kannst du nicht mehr zurückgewinnen.

Das hat mir später in der Politik sehr geholfen. Auch dort gibt es ja in der Regel mehr Kritik als Zustimmung. Ein Politiker kann nicht jeden Wunsch erfüllen, nicht jedem Anliegen Rechnung tragen. Aber man kann – und muss – jedes Anliegen ernst nehmen, immer eine vernünftige Antwort geben.

Auch bis heute gibt es nicht wenige, die immer noch meinen, ich sei nach wie vor Mitglied des Deutschen Bundestages, und sich deshalb hilfesuchend an mich wenden. Mal kann man helfen, mal nicht. Ordentlich reagieren kann man immer. Auch Kritiker hat man als Wähler nicht verloren, solange man mit ihnen noch im Gespräch bleibt und solide argumentiert. Also: Kritik ernst nehmen!

Wo gibt es mehr Querulanten: im Einzelhandel oder in der Politik?

Manche Kritik ist berechtigt, manche unberechtigt. Meistens wird sie sachlich vorgetragen, gelegentlich auch mit einem unterirdischen Ton. Aber das ist nur eine Minderheit. Auch laute Minderheiten bleiben eine Minderheit. Und dann gibt es tatsächlich Leute, die vermitteln einem das Gefühl, dass sie morgens schon mit dem Vorsatz aufstehen, sich über irgendetwas aufzuregen. Absender, die Tag für Tag (!) drei- bis viermal schreiben und sich in jeder Mail bitterlich über was weiß ich beschweren, selbst wenn es erkennbar keinen Grund zur Klage gibt, gehören in diese Kategorie. Aber das sind nur eine Handvoll, bei vielen Tausend Zuschriften – Jahr für Jahr.

Können Sie sich noch an Ihre ersten Tage im Bundestag erinnern? Was ist das für ein Gefühl? Gehört man plötzlich zu einer Machtelite, die Gesetze erlässt?

Ja klar, aber dieser Tag war für mich weniger ergreifend als für viele andere. Ich war ja ein sehr untypischer Parlamentsneuling, da ich zuvor zwölf Jahre als Assistent für einen Abgeordneten gearbeitet hatte. Damals tagte der Bundestag noch in Bonn und diese Stadt liegt unweit meiner Heimatstadt Bergisch Gladbach. Als ich dann 1994 selbst Abgeordneter wurde, war mir der Parlamentsbetrieb schon vertraut. Das hilft gerade zu Beginn einer parlamentarischen Arbeit sehr.

Sie mussten dem Pförtner also nicht erst sagen, dass Sie der Neue sind und jetzt öfter kommen …?

Nein, wirklich nicht! Ich kannte ja vom Start weg die gesamte Organisation und auch politisch-inhaltlich war ich gut vorbereitet, denn mein Vorgänger Franz Heinrich Krey war Mitglied des Innenausschusses. Dessen politische Tagesordnung war mir also bestens vertraut.

Der Bundestag ist ja nicht nur das Parlament; er ist ein großer, nicht unkomplizierter Betrieb, in dem man sich als Neuling erst einmal orientieren muss. Wer mit einer Hoppla-jetzt-komme-ich-Mentalität antritt, wird rasch ernüchtert sein. Aber es ist natürlich ein Unterschied, ob du als Referent eines Abgeordneten arbeitest oder selbst Inhaber eines Mandates bist! Gestern noch hättest du dir von Helmut Kohl oder Wolfgang Schäuble ein Autogramm geholt, heute bist du einer ihrer Kollegen. Das hat schon etwas Erhabenes. Deshalb ist wichtig, immer schön bescheiden zu bleiben, mit beiden Beinen fest auf der Erde.

Ist man, ähnlich wie im normalen Arbeitsleben, zunächst auch erst mal ein kleines Licht und muss sich hinten anstellen?

Man sollte ein gutes Gespür dafür haben, wann man sich zu Wort meldet und wann nicht. Man muss sich ja nicht unbedingt mit gesenktem Haupt ganz hinten schweigend einreihen, aber vorlaut vordrängeln ist kein Erfolgsrezept. Wichtig ist, die richtige Balance zu finden.

> Wer glaubt, seine Kernkompetenz seien ausnahmslos alle Politikfelder, der wird zwangsläufig scheitern.

Nicht wenige dürften von der Basis zu Hause den Auftrag bekommen haben, «denen in Berlin» mal die Meinung zu sagen, aufzuräumen und so ziemlich alles besser zu machen als diejenigen, die zurzeit das Sagen haben – so ginge das alles nicht weiter. Wer mit diesem Auftrag antritt, wird schnell desillusioniert sein. Man darf seine eigene Einflussmöglichkeiten nicht überschätzen. Erst die Leistung, Erfahrungen sammeln und dann nach Höherem streben.

Unterschätzen sollte man seine Möglichkeiten allerdings auch nicht. Entscheidend ist, dass man sich in diejenigen

Themen, für die man zuständig und verantwortlich ist, knietief einarbeitet. Da muss man nicht nur eine Meinung, sondern vor allem viel Ahnung haben! Auch nachts um 3 Uhr muss man geweckt werden und trotz früher Uhrzeit ein Interview mit Substanz geben können.

Wer aber glaubt, seine Kernkompetenz seien ausnahmslos alle Politikfelder, von A wie Arbeit über G wie Gesundheit bis hin zu Z wie Zuwanderung, der wird zwangsläufig scheitern. Von allem kann man nicht eine derart überragende Ahnung haben, dass man überall mit fundierten Kenntnissen mitreden und überzeugend mitdiskutieren kann.

Gibt es eine gewisse Hierarchie, wann man das erste Mal ans Rednerpult gelassen wird?

Jein. Das hängt von der Funktion des Einzelnen und der Tagesordnung des Plenums ab. Ich gehe mal davon aus, dass das in allen Fraktionen ähnlich gehandhabt wird. Zunächst bewirbt man sich für einen oder mehrere Ausschüsse. Wenn man Glück hat, kommt man in den favorisierten. Es gibt Ausschüsse, bei denen es traditionell ein großes Gedränge gibt; in der Union war das meistens der Haushaltsausschuss. Und dann gibt es Ausschüsse, da freut sich die Führung, wenn überhaupt genügend Interesse vorhanden ist.

Bei der Besetzung spielen neben dem Senioritätsprinzip natürlich auch die Fachkompetenz und die regionale Ausgewogenheit eine Rolle, aber das ist nicht zwingend. Im Rechtsausschuss wären allerdings solide juristische Vorkenntnisse sehr sinnvoll.

In den Ausschüssen, genauer gesagt, in den entsprechenden Facharbeitsgruppen der Fraktionen, werden dann die Themen den einzelnen Kolleginnen und Kollegen zugeordnet. Mein erstes Sachgebiet war der Datenschutz. Wenn du Glück hast, kommt zeitnah «dein» Thema auf die Tagesordnung des Plenums – und schon kann man seine «Jungfernrede» halten. Man freut sich auf einen prall gefüllten Plenarsaal – wer will schon *diese* Rede verpassen –, könnte aber problemlos alle MdBs in Ruhe mit Handschlag begrüßen. Hoffnung trifft dann auf Wirklichkeit.

Hatten Sie Lampenfieber bei der ersten Rede?

Ja klar! Wer hätte die nicht? Damals bin ich noch mit einer komplett vorformulierten Rede ans Rednerpult gegangen. Grundsätzlich soll im Plenum zwar *nicht* abgelesen werden, die Redner dürfen jedoch «Aufzeichnungen benutzen». Wenn man taufrisch im Plenum ist, dann gibt einem das Manuskript Sicherheit. Daran kann man sich so schön festhalten.

Ich konnte allerdings noch nie gut ablesen und es ergibt auch wenig Sinn, wenn man als dritter oder fünfter Redner an der Reihe ist – denn vielleicht ist schon vieles, was sich im Manuskript befindet, längst von anderen gesagt worden!?

Meine Mitarbeiter hatten bei der Vorbereitung meiner Reden immer mein komplettes Mitleid. Die müssen bei aller Mühe geahnt haben: «Wenn der Chef am Rednerpult erst mal in Fahrt kommt, sagt er sowieso was ganz anderes ...» Und sie hatten auch noch recht! Ich bin immer gerne auf das eingegangen, was vor mir gesagt wurde. Rede und Gegenrede ist vor allem für die Zuhörer spannender.

Auch die Stenografen hatten es mit mir nicht leicht. Für die Verschriftung hätten die immer gerne das Manuskript gehabt. Das war kein Problem – allerdings hatte dessen Inhalt mit dem Gesagten oft nur wenig zu tun.

Wie stark jucken Sie Zwischenrufe?

Eigentlich kaum. Im Gegenteil! Wenn sie intelligent oder sogar witzig sind, können die eine Debatte auflockern und interessanter machen. Nur das permanente Dazwischenreden um des Störens willen, das nervt. Renate Künast ist so eine Expertin. Eigentlich mag ich sie, weil sie geradeaus ist und durchaus Ahnung hat, aber sie kann mit ihren Zwischenrufen echt nerven. Nix gegen ein gewisses Maß an Temperament, aber man sollte schon das Talent besitzen, wenigstens ab und zu mal ruhig zuzuhören.

Und dann gibt es noch Duelle der ganz besonderen Art, an die man sich auch nach Jahren gerne erinnert. Norbert Lammert war ein grandios guter Präsident des Deutschen Bundestages. Ich glaube, das war der für ihn maßgeschneiderte Job. Er hatte wirklich Fans in allen Lagern und ein guter Bundespräsident wäre er ganz sicher auch gewesen – und gerne geworden. Aber das ist ein anderes Kapitel.

Ich glaube, inzwischen ist auf der Rechten des Hohen Hauses bei der AfD ein Schwerpunkt an Zwischenrufen …

Bei der AfD ist das ein politisches Stilmittel, um die eigene inhaltliche Leere zu übertönen. Stören, stören, stören, um auf diese Weise Aufmerksamkeit zu erzeugen. Wenn es nicht mit politischer Sacharbeit geht, dann eben durch Störmanöver. Daher mein Rat: Nie und durch nichts provozieren lassen. Daran verzweifeln Parteien wie die AfD.

Originelle, geistreiche Zwischenrufe oder Wortgeplänkel sind sogar willkommen.

Der Klassiker: Die Sitzungsleitung hatte Norbert Lammert, Gregor Gysi sprach. Einmal in Fahrt, lässt sich ein Gysi nicht so leicht bremsen. Er war wieder einmal dabei, seine Redezeit gnadenlos zu überziehen. Norbert Lammert bat ihn höflich, aber eindringlich, zum Ende zu kommen. Gysi: «Herr Präsident, aber doch nicht gerade jetzt, wo ich zum wichtigsten Teil meiner Rede komme!» Konter von Lammert: «Doch. Dann fangen Sie doch beim nächsten Mal einfach mit dem wichtigsten Teil Ihrer Rede an! Das Wort hat der Kollege …» Da musste selbst Gysi lachen. So ein verbaler Schlagabtausch macht Parlamentsdebatten interessant und auch ein wenig menschlich.

Ist das Image des Abgeordneten in der Öffentlichkeit gerecht und realistisch?

Die Schriftstellerin Marie Freifrau von Ebner-Eschenbach hat einmal gesagt: «Wer in die Öffentlichkeit tritt, hat mit Rücksicht nicht zu rechnen!» Soll heißen: Ihr Politiker aller Parteien, beschwert euch nicht, wenn die Öffentlichkeit euer Tun kritisch beleuchtet. Recht hat sie! Spätestens wenn es mal um die Erhöhung der sogenannten Diäten, also der steuerpflichtigen Entschädigung, geht, gibt es wieder Kritik. Und natürlich wegen der großzügigen Altersversorgung und wegen des leeren Plenarsaals.

> Politik verdirbt nicht den Charakter. Aber es gibt Charaktere, die die Politik verderben.

Aus Umfragen wissen wir, dass das Ansehen der Politiker – verglichen mit anderen Berufsgruppen – eher gruselig ist. Persönlich habe ich ganz andere Erfahrungen gesammelt: Es mag ja sein, dass so um die 80 % der Wähler Politiker eher kritisch betrachten, aber 90 % freuen sich, wenn sie einem mal persönlich begegnen. Von wenigen Ausnahmen abgesehen, habe ich weit überwiegend positive Erinnerungen an solche Begegnungen. Mein Rat: «Wie du kommst gegangen, so wirst du auch empfangen!» So ist es.

Nein, Politik verdirbt nicht den Charakter. Aber es gibt Charaktere, die die Politik verderben. Stichwort: Corona und die Maskendeals. Wie konnte man damals nur auf die Idee kommen, für das Vermitteln von Kontakten oder das Anbahnen von Geschäften die Hand aufzuhalten? Abgesehen von jeder juristischen Bewertung: Da muss einem doch schon der innere Kompass sagen, dass ein derartiges Verhalten mit einem öffentlichen Amt nicht vereinbar ist. Dafür muss ich vorher kein Ethik-Seminar besucht haben!

Vielleicht denken einige tatsächlich, dass ihnen aufgrund ihrer vermeintlichen Wichtigkeit im politischen und gesellschaftlichen Gefüge mehr Wertschätzung und Wohlstand zustünde. Einige sind ja auch – schon in jungen Jahren – den Verlockungen des Geldes erlegen.

Müssen Abgeordnete bescheidener sein oder besser bezahlt werden?

Gerne wird gefragt, ob denn das Gehalt eines Ministers oder des Kanzlers der Bedeutung des Amtes angemessen sei. Jeder Bankvorstand würde doch mehr verdienen. Ich weiß nicht, ob das stimmt, aber bei den meisten dürfte das tatsächlich der Fall sein. Ja und? Wer Minister oder Kanzler werden möchte, der bemüht sich um dieses Amt ganz sicher nicht des Geldes wegen. Der hat andere Motive. Und wer glaubt, ihm stünde materiell mehr zu, der kann es ja einmal in der freien Wirtschaft versuchen und seinen Marktwert dort testen. Da werden viele zuerst überrascht und dann enttäuscht sein.

In puncto Nebeneinkünfte, qua Ministergesetz nicht erlaubt, aber für einfache Abgeordnete nur veröffentlichungspflichtig, nicht etwa verboten, gilt: Es gibt Dinge, die man als Abgeordneter einfach nicht tun sollte, und zwar völlig unabhängig davon, ob sie rechtlich verboten sind oder nicht. Meine heute knapp 96-jährige Mutter würde im Falle einer Versuchung sagen: «Junge, das tut man nicht!»

In der Anfangszeit der Pandemie, als wir einen enormen Mangel an Schutzbekleidung und Masken hatten, bin auch ich häufig von Anbietern dieser Waren kontaktiert worden. Ich würde doch die zuständigen Leute in den Ministerien und Behörden kennen, man sei in der Lage, beste Qualität zu günstigsten Preisen zu liefern. Wird auch Ihr Schaden nicht sein. Da gibt es nur eine Antwort: Bitte wenden Sie sich unmittelbar dorthin. Ich bin weder Händler noch Vermittler.

Einfache Kontrollfrage: Ist das, worum es hier geht, mit meinem öffentlichen Amt vereinbar? Entspricht das der Erwartungshaltung meiner Wähler? Nein? Finger davon lassen. Spätestens, allerspätestens dann, wenn man zu der Erkenntnis gelangt: «Hoffentlich kommt das nicht raus!», müssen alle Warnlampen leuchten.

Sollte es Journalisten geben, die sich darüber den Kopf zerbrechen, warum man den Bosbach nie erwischt hat, denen darf ich zurufen: «Macht euch keine Sorgen! Wo nix war, konnte auch nix gefunden werden!»

Wer in die Politik geht, um viel Geld zu verdienen, der sollte nach anderen, lukrativeren Erwerbsquellen Ausschau halten.

Ich verstehe ja, dass für einige die Versuchung groß ist, da spielt sicherlich das individuelle Verhältnis zum Geld eine Rolle. Ich hatte schon vorher – als selbstständiger Rechtsanwalt – nicht schlecht verdient. Durch meinen Eintritt in den Bundestag gab es keinen großen Gehaltssprung, dadurch ist bei Bosbachs nicht plötzlich der Wohlstand ausgebrochen. Aber wenn du frisch von der Uni kommst oder vorher ein eher bescheidenes Einkommen hattest, dann ist die Lage eine andere.

Es gibt – nicht nur, aber eben auch – in der Politik Menschen mit der Haltung: «Je mehr er hat, je mehr er will!» Wer so denkt, sollte um die Politik besser einen großen Bogen machen. Wer in die Politik geht, um viel Geld zu verdienen, der sollte nach anderen, lukrativeren Erwerbsquellen Ausschau halten.

Allerdings ist die Lage eine etwas andere, wenn man z. B. von einer Firma im eigenen Wahlkreis um Hilfe gebeten wird. Da kann man schlecht Nein sagen. Hinweis auf Zuständigkeiten geben: ja, die Hand aufhalten: nein und nochmals nein.

Mussten Sie auch Teile Ihrer Wahlkämpfe selbst finanzieren?

Ja.

Und das kann man so ohne Weiteres stemmen als normaler Mensch? Über welche Beträge reden wir da? Abgeordnete haben mir erzählt, dass sie zwischen 18 000 und 50 000 Euro ausgeben und oft Verwandte anpumpen müssen …

Das ist sehr, sehr unterschiedlich und hängt natürlich nicht zuletzt von der Unterstützung der jeweiligen Kreisverbände zu Hause ab. Man kann aber nicht von seiner Kreispartei oder seinem Unterbezirk verlangen, dass sie den Wahlkampf zu 100 % finanzieren. In den Anfängen, bei den Wahlkämpfen 1994 und 1998, waren die Aufwendungen höher als in den Jahren danach. Da war ich schon vielen bekannt und musste für Eigenwerbung nicht mehr so viel investieren wie zu Beginn.

Außerdem sollte niemand glauben, dass ein besonders teurer, aufwendiger Wahlkampf zwangsläufig zu guten Ergebnissen führt. Man darf sich selbst nicht überschätzen. Das große Wasser nimmt das kleine mit. Gegen den Trend kann der Einzelne nicht viel ausrichten. Wichtiger als Plakate und Flyer sind persönliche Kontakte, Einsatz vor Ort. Fällt die Eröffnung des Schützenfestes auf eine Veranstaltung der Partei? Höflich absagen. Der Partei!

Es ist allerdings auch vielen Menschen nicht bewusst, welche Nebenkosten so ein Abgeordnetenmandat hat. Zwangsspenden an die Partei – nach dem Motto: «Du verdankst dein Mandat der Partei, also spende auch jeden Monat» – bis hin zur Mitgliedschaft in parteinahen Organisationen – Gewerkschaften bei der SPD oder Kirchenmitgliedschaft bei der Union. Und wenn man im Wahlkreis unterwegs ist und der Abgeordnete kriegt eine Spendendose hingehalten, sieht man knausrig aus, wenn man da nur ein Zwei-Euro-Stück reintut und keinen Schein …

Och jo, alles halb so wild. Abgeordnete haben ein überdurchschnittlich hohes Einkommen, also sollten sie auch überdurchschnittlich helfen. Richtig ist, dass bei unsereins besonders gut hingeschaut wird. Na und?

Wer sich um ein Bundestagsmandat bewirbt, der wird schon viele Monate zuvor nominiert. Der Wahltag kommt ja nicht überraschend. Da kann man peu à peu etwas beiseitelegen. Außerdem bekommen MdBs für ihre Wahlkreisarbeit on top eine steuerfreie Aufwandsentschädigung von

> Abgeordnete haben ein überdurchschnittlich hohes Einkommen, also sollten sie auch überdurchschnittlich helfen.

etwa 4 700 Euro im Monat. Also: Alles in allem nun wirklich kein Grund zur Klage. Im Gegenteil.

Ein Thema haben wir noch nicht angesprochen: Sie haben im Laufe Ihrer beruflichen Karriere durch eine Krebserkrankung dem Tod ins Auge geschaut. Wie verändert das den Blick auf das Leben, den Beruf, die Politik?

Die Zäsur war eigentlich nicht die Diagnose Krebs, sondern dass die Krebserkrankung schon so weit fortgeschritten ist, dass nach ärztlicher Heilkunst und menschlichem Ermessen mit Heilung nicht mehr zu rechnen ist – dass es also lediglich noch um Lebensqualität und Lebensverlängerung geht.

Diese Diagnose hat sich bis heute leider auch bewahrheitet. Das war die eigentliche Zäsur. Vorher hoffst du immer noch, dass in der Kombination von Operation und medikamentöser Therapie die Krankheit besiegt werden kann. Das ist bei mir leider nicht der Fall.

Aber solange ich die Dinge tun kann, die ich gerne tun möchte, ist alles in Ordnung. Und das hat mich auch gelassener gemacht. Seitdem rege ich mich längst nicht mehr so oft und so intensiv auf wie früher. Im Gegenteil: Wenn ich an manchen Diskussionen teilnehme, denke ich: Deine Sorgen möchte ich haben, wir können sofort tauschen. Da relativiert sich vieles.

Nun habe ich ja seit 1994 eine chronische Herzerkrankung. Ich weiß also, was es bedeutet, chronisch krank und auch körperlich gehandicapt zu sein. Insofern bedeutete die Krebserkrankung für mich keine große Lebensumstellung.

Es war aber eine böse Überraschung, weil ich bis dahin gedacht hatte, jeder hat sein Päckchen zu tragen. Und der Herzschrittmacher, der Defibrillator, das sind eben deine Päckchen. Dann kam ein neues Päckchen dazu – und da kommt man auch als gläubiger Christ ins Grübeln. So nach dem Motto: «Womit hast du das denn jetzt verdient?» Ich weiß es ja bis heute nicht, woher dieser Krebs kommt. Ich habe niemanden in der Familie gefunden, der vor mir Prostatakrebs hatte. Aber das ist jetzt so weit unter Kontrolle.

Unter Kontrolle?

Ich hoffe! Ich bin ein wirklich erfahrener Patient. Ich weiß um die Ernsthaftigkeit meiner Erkrankungen, nehme pünktlich meine Medikamente, lasse keinen Arzttermin sausen. Weder ambulant noch stationär. Unter der Therapie sollten die Werte ja eigentlich besser werden oder zumindest stabil bleiben. Ist aber leider nicht der Fall. Im Urlaub oder beim Sport kommen viele auf mich zu und sagen: «Ich habe gehört, dass Sie ernsthaft erkrankt waren. Schön, dass es Ihnen wieder besser geht!» Schön wäre es.

Eine Rückkehr in die Politik ist auch unter diesen Aussichten völlig ausgeschlossen?

… und führe mich nicht in Versuchung! Antwort: Ja! Mit dem Tempo, mit dem Aufwand, den ich dreiundzwanzig Jahre lang als Abgeordneter betrieben habe, könnte ich heute leider nicht mehr in die aktive Politik zurückkehren. Und halbe Sachen mache ich nicht.

Hinzu kommt: Ich werde in Kürze zweiundsiebzig. Es ist ein großer Unterschied, ob du – wie ich 1994 – mit zweiundvierzig Jahren startest oder mit zweiundsiebzig zurückkommst. Ich hatte auch nie den Ehrgeiz, mit den Füßen voraus aus dem Plenarsaal getragen zu werden. Es gibt ein Leben nach der Politik und das ist gar nicht so übel. Politik

> Ich hatte nie den Ehrgeiz, mit den Füßen voraus aus dem Plenarsaal getragen zu werden.

war immer ein wichtiger Teil meines Lebens. Aber nie mein ganzes.

Innenminister würde sie nicht doch noch mal reizen?

Reizen, das schon … *(lacht)*

Das wäre allerdings ein 24-Stunden-Job …

Und das auch noch sieben Tage in der Woche! Gerade das Innenministerium ist in puncto Arbeitsbelastung der ideale Ort für gefahrgeneigte Tätigkeiten. Vor einiger Zeit habe ich bei einem Kurzurlaub ganz zufällig die Bundesinnenministerin Nancy Faeser getroffen. Hätte nie gedacht, dass unsere erste Begegnung mal in Badeanzug und Shorts sein würde. Sie wurde dafür kritisiert, dass sie zur Zeit des Gaza-Konfliktes und antisemitischer Unruhen in Deutschland Urlaub machen würde. Ich habe ihr gesagt, diese Kritik solle sie sich nicht allzu sehr zu Herzen nehmen. Für eine Innenministerin gäbe es keine ideale Zeit zum Urlaubmachen.

Eine einzige Meldung über ein wichtiges Ereignis am frühen Morgen (z. B. eine Terrorwarnung) kann den ganzen Tag, die ganze politische Tagesordnung durcheinanderbringen. Das ist in anderen Ministerien in dieser Intensität nicht der Fall. Es ist vielleicht etwas übertrieben, aber keineswegs komplett falsch, dass ein Bundesinnenminister vierundzwanzig Stunden am Tag im Dienst sein muss.

Kann die Union überhaupt auf Sie verzichten?

(lacht) Niemand sollte sich für unverzichtbar halten. Die Friedhöfe sind voll von unverzichtbaren Menschen und irgendwie geht es immer weiter.

Aber Sie haben natürlich recht: Ab und zu juckt es mich in den Fingern, ans Rednerpult zu gehen – nicht um herumzupoltern, sondern um ganz ruhig und sachlich coram publico argumentieren zu können. Ich sehe auch, wie viele Einladungen ich bekomme und wie voll die Veranstaltungen sind: erst kürzlich in einem relativ kleinen Ort weit über zweihundert. Das ist nicht selbstverständlich. Aber noch einmal vier volle Jahre, das traue ich mir nicht zu.

Weil Sie gesagt haben, es gibt Politiker, die nur die Politik als ihr Leben haben: Der Ende 2023 verstorbene Wolfgang Schäuble fällt mir dabei ein. Auch Olaf Scholz. Beim Kanzler gibt es naturgemäß nicht viel anderes, aber aus seinem Umkreis höre ich auch, dass er das als ein normales Leben betrachtet, wenn man einen völlig durchgetakteten Tagesablauf hat und nur kurz zum Hemdenwechseln nach Hause kommt. Haben Sie Verständnis dafür oder wie blicken Sie darauf?

Mein Leben ist nicht minder durchgetaktet als das von aktiven Mandatsträgern. Aber eben nicht zu 100 % wegen der Politik. Ich habe vielfältige Interessen außerhalb des Politikbetriebes, arbeite wieder öfter als Anwalt, reise gerne, treibe Sport. 2023 habe ich bundesweit etwa zweihundert Veranstaltungen absolviert – aber ich merke auch, dass mich die damit verbundene Reiserei immer mehr Kraft kostet.

> Das Leben ist viel zu spannend und zu abwechslungsreich, um es auf dem Balkon zu verpassen.

Aber Sie haben die Kontrolle über Ihr Leben. Wenn Sie sagen: «Morgen setze ich mich auf den Balkon und gucke einfach in den Garten», dann können Sie das.

Ein paar Stündchen bestimmt, dann ist es aber auch gut. Das Leben ist viel zu spannend und zu abwechslungsreich, um es auf dem Balkon zu verpassen. Aber etwas mehr Ruhe und Gelassenheit würden mir bestimmt guttun und brächten mir Pluspunkte bei meinen Ärzten ein. Oft wird ja unterschätzt, wie stark die Tagesordnung von Politikern durchgetaktet ist. Das brauche ich nicht mehr. Heute besteht mein Kalender zu 95 % aus Kür und nur noch zu 5 % aus Pflicht. Das ist ein Stück Lebensqualität.

Und Ihre Familie hat diese dauerhafte Abwesenheit im Laufe der Zeit auch so akzeptiert?

Ich glaube, ich hätte ein Problem, wenn meine Frau mich anders kennengelernt hätte. Aber als wir uns kennengelernt haben, war ich schon politisch sehr aktiv, wenn auch nur in der Kommunalpolitik. Ich war in der Regel abends nicht zu Hause. Doch ich hatte sechs Jahre lang den großen Vorteil, dass der Deutsche Bundestag noch in Bonn war, sodass ich in dieser Zeit Heimschläfer war und wenigstens ab und zu zu Hause sein konnte. So konnten wir morgens zusammen frühstücken. Oftmals habe ich die Kinder dann in den Kindergarten bzw. in die Schule gebracht und bin anschließend nach Bonn gefahren. Das war durch den Wechsel nach Berlin leider vorbei.

Bereuen Sie in der Rückschau, nicht mehr Zeit für die Familie gehabt zu haben?

Ja, ganz eindeutig! Ich habe mir viel zu oft eingeredet, dass ich all das, was ich aktuell versäume, irgendwann nachholen kann. Das aber kann man nicht. Vorbei ist vorbei.

Man glaubt gar nicht, wie schnell die Kinder aus dem Haus sind, und kurze Zeit später kommen sie mit Enkeln retour. Schade, dass ich diesen Fehler nicht mehr korrigieren kann.

Apropos Kinder: Wird Ihre Tochter Caroline in Ihre Fußstapfen treten? Übernimmt sie Ihren Wahlkreis?

Jedenfalls hat sie mein politisches Temperament geerbt. Aktuell ist sie die Bundesvorsitzende des Jungen Wirtschaftsrates – eine Aufgabe, die sie mit Begeisterung ausfüllt. Aber sie hat dem Papa auch lange genug über die Schulter geguckt, um zu wissen: Wenn Sie sich dafür entscheidet, ist das ein weiter Weg, der viel Zeit und viel Kraft kostet – auch zulasten der Familie. Daher wird sie sich jede Entscheidung sehr reiflich überlegen.

Personenregister

Über die Autoren

Wolfgang Bosbach ist ein Elder-Statesman der deutschen Politik. Obwohl er 2017 nach dreiundzwanzig Jahren als Bundestagsabgeordneter aus der aktiven Politik ausgeschieden ist, gehört er noch immer zu den beliebtesten Politikern. Sein Terminkalender ist voll mit Anfragen für Vorträge und Talkshows. Trotz seiner Krebserkrankung setzt sich der erfolgreiche Buchautor und katholische Christ weiter mit Leidenschaft für seine Werte und Ziele ein. Sein Interesse an der Zukunft und der nächsten Generation ist spürbar, «darum werde ich politisch bleiben, bis ich sterbe». Bosbach ist verheiratet, hat drei erwachsene Töchter und zwei Enkelkinder.

Ralf Schuler war langjähriger Leiter der BILD-Parlamentsredaktion und verantwortet heute den Videopodcast «Schuler! Fragen, was ist» bei NIUS. Schuler gilt als einer der profiliertesten politischen Berichterstatter und erhielt 1993 den Theodor-Wolff-Preis. Der bekennende Protestant und ehemalige Metallarbeiter pflegt u. a. seine Vorliebe für Heavy-Metal-Musik. Er ist Bestsellerautor von «Generation Gleichschritt».